Rose Ausländer:
Aschensommer
Ausgewählte Gedichte

Herausgegeben von Berndt Mosblech

Mit einem Essay von Jürgen P. Wallmann

Deutscher
Taschenbuch
Verlag

Mai 1978
Deutscher Taschenbuch Verlag GmbH & Co. KG,
München
© 1977 Literarischer Verlag Helmut Braun KG,
Köln · ISBN 3-88097-021-1
Auswahl aus ›Gesammelte Gedichte‹ (2., erweiterte und ver-
änderte Auflage, Mai 1977)
Umschlaggestaltung: Celestino Piatti
Gesamtherstellung: C. H. Beck'sche Buchdruckerei,
Nördlingen
Printed in Germany · ISBN 3-423-05452-2

Das Buch

»Fortgehen, Heimatlosigkeit, Fremde, Erfahrungen, die in den Gedichten Rose Ausländers immer wieder Sprache werden, wollen zunächst und vor allem gesehen sein im Zusammenhang mit der Verfolgung durch die Nazis, die sie zu erleiden hatte, aber sie reichen auch hinein in die Begegnung mit sich selbst ... Rose Ausländers Arbeiten haben Dichte, aber sie geraten nicht zu kompakt. Sie besitzen die nötige ›Leichtigkeit‹, aber sie verflüchtigen sich nicht. Immer neu stellt sich in ihnen ein nur scheinbar rasch zu verwirklichendes Gleichgewicht her. Man merkt, daß sie ihre Entstehung zum Teil dem Mittel der Reduktion verdanken, doch sie werden nicht zu Skeletten. Sie sind verschwiegen und beredt in einem. Die Bilder haben Leuchtkraft – auch dank des Atemraums, der sie umgibt. Diese Arbeiten erreichen ihre höchste Intensität dort, wo die Moralität des Gegenstands und die der Sprache nicht mehr zu trennen sind.« (Walter Helmut Fritz)

Die Autorin

Rose Ausländer wurde am 11. 5. 1907 in Czernowitz, Bukowina, geboren. Studium der Literaturwissenschaft und der Philosophie. 1941–1944 Verfolgung durch die deutschen Nationalsozialisten in Czernowitz und Leben im Kellerversteck; Bekanntschaft mit Paul Antschel-Celan. 1946 Auswanderung in die USA. 1963–1964 einjähriger Aufenthalt in Wien; 1965 Übersiedlung nach Düsseldorf. Rose Ausländer wurde für ihr lyrisches Werk vielfach ausgezeichnet: 1965 Ehrenpreis der Stadt Meersburg für »das beste Gedicht«; 1966 Silberner Heine-Taler des Verlags Hoffmann und Campe; 1967 Droste-Preis der Stadt Meersburg; 1977 Ida-Dehmel-Preis sowie Andreas-Gryphius-Preis.

Inhalt

Die Rosen schmecken ranzig-rot –
es ist ein saurer Sommer in der Welt

Die Beeren füllen sich mit Tinte
und auf der Lammhaut rauht das Pergament

Das Himbeerfeuer ist erloschen –
es ist ein Aschensommer in der Welt

Die Menschen gehen mit gesenkten Lidern
am rostigen Rosenufer auf und ab

Sie warten auf die Post der weißen Taube
aus einem fremden Sommer in der Welt

Die Brücke aus pedantischen Metallen
darf nur betreten wer den Marsch-Schritt hat

Die Schwalbe findet nicht nach Süden –
es ist ein blinder Sommer in der Welt

DIE FREMDEN

Eisenbahnen bringen die Fremden
die aussteigen und sich ratlos umsehn
In ihren Augen schwimmen
ängstliche Fische.
Sie tragen fremde Nasen
traurige Lippen

Niemand holt sie ab
Sie warten auf die Dämmerung
die keine Unterschiede macht
dann dürfen sie ihre Verwandten besuchen
in der Milchstraße
in den Mulden des Monds

Einer spielt Mundharmonika –
seltsame Melodien
Eine andre Tonleiter wohnt
im Instrument:
eine unabhörbare Folge von
Einsamkeiten

Das plötzliche Land
duftet nach Zeder und Zimt

Frei von Heimat und
gewohnten Worten
ersteht es blindlings aus
dem Duft der Ahnung

Die Lenden seiner Küsten
sind anfangblau
seine Firne sonnenblond
seine Städte allfarben

Mit einmal
sind Menschen da
üppige Zentauren
Doppelwesen aus
Blumenhäuptern und Fischleibern

Alle Geschöpfe sind
spontane Übergänge in der
sich immerfort wandelnden Landschaft
Sie haben ein Muttermal
auf Stirn Blatt und Flosse
einen Tropfen deines Bluts

Das plötzliche Land
duftet nach Zeder und Zimt

JULI

In Dornenadern
das geklärte Blut
sonngesalbt

Auch Distelfinger
haben zärtliche Nägel
im Lerchenlicht

Hirsche halten
den Himmel
im Geweih

Wann trittst du
aus dem Gebüsch
Adam
deine Unsterblichkeit ist um

Deine Gefährtin
Schwalben im Hemd
wirft dir den Apfel zu
die Erde

PHASEN

Als sie ihn erwartete
    war Rosenaufgang
        sie hielt den Sommer
        in der Hand

Als er nicht kam
    zählte sie bis hundert
        bis tausend
            bis unendlich

Als er kam
    war sie eine Statue
        mit tauben Augen
            abgehaunem Mund

Im Geäder des Tags
schlägt das unhörbare Herz der Erdfee
die lautlose Trommel

Es begleitet die Spieluhr der Planetenpulse
die Nadeln der Sekunden
verwunden es nicht
Es ist gefeit
gegen Zeit und alle
Angriffe der Berührung

Manchmal wenn es sehr still ist
sehr weiß um mich
sehr anfänglich in mir
hör ich das unhörbare Herz
in meinem Atem
wie eine Uhr aus Luft
und die Musik der Spieldose
ist lebendig in meiner Schläfe
mit planetenhaft gedämpftem Ton

DER MOMENT

Ich habe nichts als
die Nacht aus
100 × 100 Nebellichtjahren

Ich habe nichts als
die Stunde aus
60 × 60 Sekunden

Ich habe nichts als den Moment

Der Moment ist meine Schöpfung
die Brücke von meinem
Staubgeist zum Sterngeist
Der Moment ist mein Flügel
zum Flügel des nächsten Moments

Ich habe nichts als den Flügel
Ich habe nichts als die Schöpfung
Ich habe nichts als den Moment

Die Tulpe
schließt die Tür

Orions silberne Äpfel
sind reif

Die Quelle
wiederholt den Raum
aus Traum und Tropfen
mit genauem Laut

Herbst sagst du
und meinst den Wind er schärft
sein Messer an deiner Stirn
meinst rostige Blätter sie rollen
deinem Schritt voran
meinst Frostnadeln sie stechen
die Luft den Baum die Haut

Herbst herber Laut
brauner Geschmack
Die Freunde an der Front
werden bitter und braun
nicht von Sonne gebräunt

Die Erde rostet und rollt
mondab
in die Schlucht wo die
Geschichte Burgen baut
Schuldtürme Falltüren

Herbst sagst du
aber ich sage dir
nicht Oktober nicht November
du mußt einen neuen Kalender erfinden
ein andres Alphabet
eine Sprache die Einhalt gebietet
denn die Zeit fällt
fällt ins Unabsehbare
und wir fallen mit ihr

Daß ich dich wiederseh
im April
von Asche frei –
kann es sein?

Kaiserin Sonne
im Atemhemd
Baum ohne Angst
die Lerche real

Es ist nicht lang her –
ein Atemzug Geschichte

Wann in der Zeit aus Sprengstoff
dürfen wir dichten
am Strohlager?

Der antike Traum im Blut
blieb intakt:
Eden, Engel, du

Wird der nächste April
unversehrt sein?
Darf ich dich wiedersehn
von Asche frei
unter Versen?

Die Poren saugen sie auf
bis sie im ganzen Körper
gleichmäßig verteilt ist

Tage tätowieren
unablässig Linien
in die Wange
Zeichen die nur die Sibylle
deuten kann

Die Freunde sind zugenäht
man kommt nicht heran an ihren Atem
auf ihren Lippen hängt eine farblose Fahne:
frostiges Lächeln

Wenn man sich umwendet
sieht man Fußspuren die
sich verlaufen im Sand

Die Mühle am Horizont
bewegt die Arme nach dem Pulsschlag eines
Wiegenlieds
Es ist Zeit
dem Alleinsein ein Ende zu bereiten
und schlafen zu gehn

Hinter der Montagmauer
liegt das Dorf Duminika
das ich in meiner Freizeit
gerne besuche

Ich bringe meinen Lieblingsberg mit
den Raréu
und die Zigeunerin die mir einst
die Zukunft geschenkt hat

Weiden weinen mit mir
weil Montagnachbarn
meinen Hund vergiftet haben
Er war ein Weiser der die
Sprache aller Gerüche gekannt hat

Die Bauern bewirten mich
mit Kornbrot Milch und
buntgestickten Geschichten

Das Dorf Duminika ist grün
der Fluß ist grün
die Hirten schnitzen grüne Doinas
in atmende Flöten

Meine Mutter war einmal ein Reh
Die goldbraunen Augen
die Anmut
blieben ihr aus der Rehzeit

Hier war sie
halb Engel halb Mensch –
die Mitte war Mutter
Als ich sie fragte was sie gern geworden wäre
sagte sie: eine Nachtigall

Jetzt ist sie eine Nachtigall
Nacht um Nacht höre ich sie
im Garten meines schlaflosen Traumes
Sie singt das Zion der Ahnen
sie singt das alte Österreich
sie singt die Berge und Buchenwälder
der Bukowina
Wiegenlieder
singt mir Nacht um Nacht
meine Nachtigall
im Garten meines schlaflosen Traumes

Am Hof des Wunderrabbi von Sadagora
lernte der Vater die schwierigen Geheimnisse
Seine Ohrlocken läuteten Legenden
in den Händen hielt er den hebräischen Wald

Bäume aus heiligen Buchstaben streckten Wurzeln
von Sadagora bis Czernowitz
Der Jordan mündete damals in den Pruth –
magische Melodien im Wasser
Der Vater sang sie lernte und sang das
Erbe der Ahnen verwuchs mit
Wald und Gewässern

Hinter den Weiden neben der Mühle
stand die geträumte Leiter
an den Himmel gelehnt
Jakob nahm auf den Kampf mit den Engeln
immer siegte sein Wille

Von Sadagora nach Czernowitz und
zurück zum Heiligen Hof gingen die Wunder
nisteten sich ein im Gefühl
Der Knabe erlernte den Himmel kannte die
Ausmaße der Engel ihre Distanzen und Zahl
war bewandert im Labyrinth der Kabbala.

Einmal wollte der Siebzehnjährige
die andere Seite sehn
ging in die weltliche Stadt
verliebte sich in sie
blieb an ihr haften

Vor vielen Geburtstagen
als unsre Eltern
den Engeln erlaubten
in unsern Kinderbetten zu schlafen –
ja meine Lieben
da ging es uns gut

In jedem Winkel
war ein Wunder untergebracht:
Heinzelwald, Berg aus Marzipan
Fächer in dem der Himmel
gefaltet lag

Ja meine Lieben
da hatten wir viele Freunde
Begüterte wir konnten's uns leisten
einen Stern zu verschenken
eine Insel
sogar einen Engel

Vor vielen Geburtstagen
als die Erde noch rund war
(nicht eckig wie jetzt)
liefen wir um sie herum
auf Rollschuhen
in einem Schwung
ohne Atem zu schöpfen

Ja meine Lieben
im Eswareinmalheim
da ging es uns gut
Die Eltern flogen mit uns
in den bestirnten Fächer
kauften uns Karten ins Knusperland
und spornten uns an
die Welt zu verschenken

Aus einem Tag im September
schäl ich den Nußbaum voll Milch

Laub das den Tag grün macht
grüner Tag der mich
verwandelt in ein Blatt
deutlich im Tau kopiert

Adern wachsen aus der Sonne
Astern Weizen Mais

Ein Karussell Mücken
dreht den Himmel um
Kuhglockenklang
Erntedank der Mutter im Spitzentuch
in der Laube locker und leicht

Die Haut der Hütte grünt
Manna fällt auf den Tisch
aus der gerösteten Traube
sickert Wein

Ins Geäst verflochten
ruh ich
ein Nußblatt
ein grün rankender Psalm

PRUTH

Da zirpten die Kiesel im Pruth
ritzten flüchtige Muster in
unsre Sohlen

Narzisse wir lagen im Wasserspiegel
hielten uns selbst im Arm

Nachts vom Wind bedeckt
Bett mit Fischen gefüllt
Goldfisch der Mond

    Schläfenlockengeflüster:
    der Rabbi in Kaftan und Stramel
    von glückäugigen Chassidim umringt

    Vögel – wir kennen nicht
    ihre Namen ihr Schrei
    lockt und erschreckt
    Auch unser Gefieder ist fertig
    wir folgen euch
    über Kukuruzfelder
    schaukelnde Synagogen

Immer zurück zum Pruth

Flöße
(aus Holz oder Johannisbrot?)
pruth-ab
Wohin ihr Eilenden
und wir hier allein
mit den Steinen?

Immer geht Atlantis unter
in unserm Hinausstaunen
immer ist's ein atmendes Grün
mohnendes Rot
Zypresse und Marmor
immer Feste in schaukelnden Gärten
ebenmäßige Menschen
immer die Heiligen Zarten Alleinleidenden

Sie steigen auf in uns
versinken in uns
wir sind ihr Grab
Immer im Schutt von Palästen
ist ihr Tod lebendig in uns
mit verwunschnen Zypressen
Schlangen und Paradiesen

Immer sind wir eingewoben
in den Glanz auferstandner
Städte und Reiche
immer spüren wir den Kristall des Erdballs
im Auge brennen
immer funkelt Atlantis
am Gestade unseres Herzens

Sie kamen
mit scharfen Fahnen und Pistolen
schossen alle Sterne und den Mond ab
damit kein Licht uns bliebe
damit kein Licht uns liebe

Da begruben wir die Sonne
Es war eine unendliche Sonnenfinsternis

Im Chagall-Dorf

Schiefe Giebel
hängen am
Horizont

Der Brunnen schlummert
beleuchtet von
Katzenaugen

Die Bäuerin
melkt die Ziege
im Traumstall

Blau
der Kirschbaum am Dach
wo der bärtige Greis
geigt

Die Braut
schaut ins Blumenaug
schwebt auf dem Schleier
über der Nachtsteppe

Im Chagall-Dorf
weidet die Kuh
auf der Mondwiese
goldene Wölfe
beschützen die Lämmer

GRAUES HAAR

Auf der Flucht
aus dem Feuerland
in den Himmel verirrt

Sitzen Vater und Mutter
SCHIWE
Asche im Haar

Ich frage sie nicht –
sie antworten:

Wer hat sie begraben
wer sagt den KADDISCH
wo steht der Stein mit der Inschrift
HIER LIEGEN DIE NAMENLOSEN

Ich antworte nicht
Sie fragen
sie streuen mir
Asche ins Haar

Im Kerker
ich träume
den Apfel

Herr erlaub mir
die Sünde

(Aus deiner Rippe Eden
Adam aus meiner)

Blinder Blick
durch das Guckloch
Verstohlen pflanz ich
das Wort in der Zelle
beschwör den Apfel
zu wachsen

Hinter dem Rücken
des automatisch wachsamen Engels
traumhoch
der Baum

Du grüner du roter
du bitterer
Tollkirschenbaum

Ein Tag im Exil
Haus ohne Türen und Fenster

Auf weißer Tafel
mit Kohle verzeichnet
die Zeit

Im Kasten
die sterblichen Masken
Adam
Abraham
Ahasver
Wer kennt alle Namen

Ein Tag im Exil
wo die Stunden sich bücken
um aus dem Keller
ins Zimmer zu kommen

Schatten versammelt
um's Öllicht im ewigen Lämpchen
erzählen ihre Geschichten
mit zehn finstern Fingern
die Wände entlang

DAS FEST

Wir feiern das Fest der Abwesenden
mit verschollenen Freunden

vergessen die Uhren aufzuziehn
die Zeit wird auch ohne Zeiger uns finden
zur Unzeit entführen wird uns der Tod

vergessen daß wir gestern die Rose rühmten
morgen den Mond besuchen wollten
was wollten wir übermorgen

Erhoffte Botschaften
die uns nicht erreichten
gefürchtete
die uns erreichten
vergessen

Wir erkennen uns nicht mehr im Spiegel
erkennen den Spiegel nicht an
die vorgespiegelten Länder
vergessen

Hinter dem Himmel
wir feiern wir zechen
mit den Schemen
verschollener Freunde

FREMDE

Unser Schiff
ohne Fahne
gehört keinem Land
kommt nicht an

Wasserbürger
wir reisen
in den Tag
in die Nacht

spähn Land
am Horizont
Wellenland
unsere Fata Morgana

Manchmal
träumen wir
ein Schiff fährt
in entgegengesetzte
Richtung

erwachen
allein
mit dem
Wind

RAUCH

Diese gebrochene Säule
Rauch

So wanken die Säulen
der Griechentempel
in meinem Traum-Athen

Aus den Augen
der satten Menschenfresser
quillt Rauch
mein Wort ist schwarz geworden
davon

Ich schlucke bittere Pillen
aus Dreißigjahr-Rauch
meine Stimme erstickt
im Rauch des ewigen Gettos
in schönen
barbarischen Ländern

Lösch das Feuer Bruder
wenn keiner dir zusieht

TULPEN

Mein Tulpenland
ein Reich ohne Raum
im Regen erträumt

Mit erhobenem Haupt
meine Augenblicksblume
hält noch der Sintflut stand

Die Sündflut
wächst
ein giftiger Pilz

Wir werden uns retten?

Unter dem Wasser
die Arche
zündholztrocken
schwarz die Galeerensklaven
im Tulpentief

Kränze
aus Flocken

Unter dem Stein
Eswareinmalsein

Raben
schwärzen den Namen an
der noch feucht
auf meiner Lippe hängt
Bluttropfen
warm im Winter

Stört nicht den
weißen Schlaf
die schöne Legende
Sternaug
unsterbliche Liebe
im Dornröschendorf
unter verschütteten Küssen

Laßt Schnee begraben
das Grab

MIT FRAGEN

Ich komme
mit Dornenfragen
blutarmer Sonne
Disteln und Wind

mit der Ameisenkönigin
und ihrem empörten Heer
mit Fragen woher wohin

mit dem Hügel unterm Stein
mit zuckender Kerze
Talglippen
Fragen aus Qualm

mit der erwürgten Liebe
mit dem Scherben
von deinen Augen geraubt
darüber der Geierschrei

ich komme
zu wem
mit Fragen
warum wozu

URNE ERINNERUNG

In die Urne Erinnerung
zurückgelegt den Weg

Schluchten in Gilcoş
roter Canyon im Yellowstone Park
blindlings die Passion der Geyser
Glück und Schreck

Blutspur im Schnee
verbrannte Sommer
Kreuzquergespinste
Schatten

Vergiß nicht
auch das Licht war da
groß die Wandersonne
Schwalbe Wald
Meer und Mensch

Immer die steten Sternbilder
über Kontinente
Magnete von Metallen ausgestrahlt
Zahlen im Sold der Zeiger

Nichts verloren
in der Urne
die Asche atmet

VERWUNDERT

Wenn der Tisch nach Brot duftet
Erdbeeren der Wein Kristall

denk an den Raum aus Rauch
Rauch ohne Gestalt

Noch nicht abgestreift
das Gettokleid

sitzen wir um den duftenden Tisch
verwundert
daß wir hier sitzen

SCHEIN

Sag Amen
als wär nicht Täuschung
vollendet durch Licht

Felsflaggen
in die Sonne gehißt
unter der Achsel belaubt
Wälder im Wipfelglanz

Auch das Meer
vom Strahl getroffen
schlägt alle Augen auf
macht sich den Schein zu eigen

Esaus Enkel
nahmen blinden Segen
Dem Blinden: Schatten
den Augen: Schein

Die Nacht
zieht ihre Sternuhren auf
Halten sie uns im Gleichgewicht?
Wir fallen nicht
ins Nichts

Erwacht
es stellt uns in den Schatten
das Licht

GLÜCK KAUFEN

Als ich auszog
Glück kaufen
in Arkadien
Lerchen flogen mir voran

Die Sonnenuhr schrieb die Zeit
an die Bäume
prall hingen Kirschen
unterm Regenbogen

Makler am Markt
bestürmten mich
mit Hochrufen und Versprechungen
boten mir Freude an
ein Faß das funkelte

Ich zahlte mit Rosen
und brachte goldnen
Essig
heim

CÉZANNE

Bei ihm lernten
Felsen und Bäume
durchsichtig sein

Hügel
aus Äther
unwiderruflich

Grüne Essenz
Grün
in blauer Haut

Der Umriß
die Helle innen:
Stoff ohne Schwerkraft

ABEND

Schatten stehlen sich
am Fenster vorbei
Diebe
geraubte Stunden
im Arm

deine gestohlene Zeit

Du lehnst
aus dem Fenster
prüfst die Kühle der Luft
den Abstand des ersten Sterns
zu dir
eine Handspanne
von hier bis hin

Die Diebe
stecken die Köpfe zusammen

Aus der Wiege
fiel mein Augenaufschlag
in den Pruth

Ich zähle
meine Besitztümer
7 Romhügel
50 abstrakte Sterne aus Amerika
ein umstrittenes Jerusalem
mein Grab in der Bukowina

Gestern Eisrosen
im Gettofenster
heute sind mir
die Dornen gut

Meine Zukunft
vermach ich
den Zigeunern
den goldäugigen
verachteten Wanderern
die aus der Zukunft leben
aus der Hand in den Mund
aus dem Mund
in die Zukunft

Erwacht
als Stimmen uns trafen

flogen Fische durch unser Haar
zartfarbig die Flossen
fast Blumen

Wasser schäumte herauf
aus begrabenem Brunnen
mit hohler Hand
schöpften wir
tranken einen Schluck
der Rest rann
durch die Finger

schöpften Mut
erfrischt
auf Jagd nach den Stimmen

über uns
immer noch sprachen sie
sternmächtig
erschreckend

Wir legten uns
zu den Fischen
legten ab
jedes Wort

Dezember
        sag ich und leg mir
Schnee auf die Augen und leg die Augen
zurück einen Augenblick
in den Kasten wo die alten Dezember
aufbewahrt liegen aufgebahrt
die toten Dezember der Toten
Eis auf den Augen

Wieder
        ein Winter hinter dem Krieg
spinnt Flügel aus Schneelicht spinn
deine Wiederlegende
        Dezember

Fährt ein Schlitten aus Schnee
zum Himmel Wer hat
den Schlüssel Verheißung
mit Fäusten aus Eis wehrt sich
die Erde Schnee wasch sie weiß

Hinter dem Krieg
        Elgreco-Dezember
öffnet die Augen im innersten
        Wieder

36 GERECHTE
Jüdische Legende

36 Gerechte
> halten im Gleichgewicht
> die Erde
> die uns hält
> in unablässiger
> Revolution

> Auf ihren Schultern
> tragen die

36 Gerechten
> die ungebärdige
> Erde

> Im Schatten ihrer Bescheidenheit
> stehend
> abgewandt
> heben die

36 Gerechten
> die ungebärdige Erde
> ins Licht

> Wir kennen sie nicht
> nie erkennen wir die

36 Gerechten

HERBST

Die letzten Zugvögel
tragen Schnee
unter der Schwinge

Wächter haben
geschwollene Augen
die Schlösser sind aufgebrochen
der Herbst
tritt ein

Vertrauliche Asterngespräche
aber der Wind
plaudert alles aus
nichts bleibt geheim

Im Stoppelfeld
schaukelt die Vogelscheuche

Es heißt
daß Zeichendeuter kommen
Raben mit sagenhaften Schnäbeln
von Schnee gekrönt
die Rabenmutter
hat schon
die Vogelscheuche
aufs Korn genommen

Die Stoppeln
stehen zu Berge

GESPRÄCH MIT DEM WIND

In Hast
Wind
ein Gespräch mit dir
deine Ungeduld treibt mich zur Eile
wohin
nichthier nichtdort
wir haben kein Haus

Deine Wurzeln wandern
nimm mich mit
Wer ruft
nichther nichthin
aus keinem Haus ruft es

Noch eine Meile
Wind
geh mit mir
nicht Zeit
für ein Gespräch
Wer ruft
Staub oder Stimme

Nicht hier
dort
wo das Haus aus Staub steht
bleib ich zurück

Verloren
wiedergefunden
unter gedunsenem Mond

Wir fassen Fuß
in der Luziferzeit
hinter verriegeltem Stern
im rostigen Reich voll Stacheldraht
hängen Flocken himmlischer Vögel

so viel Metall zwischen uns

Wir überstehn sogar
die Rosengefahr und die
schreckliche Übung der
Harmonie

Le Cháim

Willkommen
Wanderer
hereingeweht zu uns
aus der Steppe

In einer Wolke aus Staub
hinter dir
Wölfe

Im gefrornen Dorf
Hütten ummauert
von Schnee
Weg ohne Atem
Eis dein Ohr

Und du lebst

Sabbatgast
daß du lebst
wir ehren das Wunder

Auf dein Wohl
auf das Wohl
aller Wanderbrüder
Le Cháim
Ahasver

du ein Mensch bist

weil
ein Mensch eine Muschel ist
die manchmal tönt

weil
du in mir tönst
als wär ich eine Muschel

weil
wir uns kennen
ohne Namen und Samen

weil
das Wort Welle ist

weil
du Wort und Welle bist

weil

wir strömen

weil
wir manchmal
zusammenströmen

Wort Welle Muschel Mensch

MUTTER SPRACHE

Ich habe mich
in mich verwandelt
von Augenblick zu Augenblick

in Stücke zersplittert
auf dem Wortweg

Mutter Sprache
setzt mich zusammen

Menschmosaik

HINTER DER HAUT

Du
morgens mittags nachts
ein anderer

Ich kenne dich
am Spiel deiner Augen

Du lächelst
sprichst und versprichst

Das Wort hinter deiner Haut
hat einen andern Ton

Man hört ihn nicht
ich höre ihn manchmal
hinter meiner Haut

VERSCHERZT

Ich habe ein Auge verscherzt
bei der Durchsicht
meiner Verluste

Das zweite
novembergrau
nähert sich
dem verjährten
Aprilgrün

WOHIN

Mit Wörtern
bekritzelte Nacht

Geduldige
Papiergefährtin
wohin wandern wir
auf dem Zifferblatt

UNVOLLENDET

Auf meiner Handfläche
geschrieben
Licht- und Schatten-
linien
Liebeslinie Lebenslinie
ein Kreuz
viele Striche
kreuz quer
der Buchstabe A
unvollendet

Wer hat mir
den Regenbogen
aus dem Blick gerissen

Ich wollte ihn befestigen
an sieben Worten

Im Regen ertrinken
meine Augen

Ich halte mich fest
an einem Blatt
an diesem Papierblatt

AUCH ICH

Auch ich bin
in Arkadien geboren
bei Sonnenaufgang
friedlich im Fruchtwasser
die Luft eine Herausforderung
an den Atem

Auch mir
blühten duftige Mutterworte

Auch ich wuchs auf
unter phantastischen Legenden

Das Gruseln erlernte
auch ich
als Menschen
Gesicht und Gewicht
verloren

Auch ich verlor
meinen Namen
unter Namenlosen

Auch ich
fragte das Nichts
nach dem Sein

frage und
höre
höre
höre
die Antwort
des Echos

AN PABLO NERUDA

> »Gebt mir Urlaub,
> daß ich geboren werde«
> Pablo Neruda

Dein Erdherz
vom Wortquell gestärkt
Harfe der Beredsamkeit
Du Blitz
Katarakt
du Magnet

Dein Puls registriert
jeden Lichtverlust
jeden Leuchttrieb

Zauberformel dein Zorn
schenkt der Banalität
Aufschwung und Intelligenz

Unser Planet hat noch Raum
für ein Zusammenspiel
menschlicher Schönheit

Unter der Nachtkruste hör ich
deine Beschwörung
denk
wie fest ist die Erde
in deiner Hand
eine Minutenübung

OHNE VISUM

Ohne Visum zur Welt gekommen
sie drückt kein Auge zu
unsereiner ist immer
verdächtig

Ich hisse ein weißes Taschentuch
auf dem Aussichtsturm
nach allen Richtungen

mache mir Hoffnung
auf ein Visum nach Liebe
im grünen Glauben
Keime

Es könnte sogar
Frühling werden

ABSTIMMEN

Unablässig
im Gespräch mit der
vielstimmigen Zeit

Worte
Wörter

Abstimmen
wieviele bleiben
der Rede
wert

NIEMAND

Ich bin König Niemand
trage mein Niemandsland
in der Tasche

Mit Fremdenpaß reise ich
von Meer zu Meer

Wasser deine blauen
deine schwarzen Augen
die farblosen

Mein Pseudonym
Niemand
ist legitim

Niemand argwöhnt
daß ich ein König bin
und in der Tasche trage
mein heimatloses Land

ARCHE

Im Meer
wartet
eine Arche
aus Sternen

auf die
überlebende
Asche
nach der Feuerflut

Wer den Weg
durch den Steinbruch weiß
wird die Überreste Arkadiens
erreichen

Im Marmor blühen noch Blumen
die Traube reift im Stein

Dein Schatten steht
kerzengerade
im Säulengang des Tempels

Vertrau nicht der Janussonne

Morgen ist
Arkadien im Schatten
der Rückweg
ein unzugänglicher Steinbruch

In Memoriam Paul Celan

>»Meine blonde Mutter
kam nicht heim«
Paul Celan

Kam nicht heim
die Mutter

nie aufgegeben
den Tod

vom Sohn genährt
mit Schwarzmilch

die hielt ihn am Leben
das ertrank
im Tintenblut

Zwischen verschwiegenen Zeilen
das Nichtwort
im Leerraum
leuchtend

HEINRICH HEINE

Er war ein Lied
seines Landes

jener Hexe
mit goldenem Haar

die sein Vaterlandswort
verwandelte
in einen Fluch

Türen offen
hinter dem Abschied
wiedergrün
deine Hügel

Auch der Regen
auf dem du geritten
kommt wieder
Kranich und Kahn

Flöße stromab
Stämme aus deinem Wald
oder vom polnischen Nachbarwald

Windstimmen
Espengespräche

Dein Wort
hier gewachsen
in der Sonnenzeit
Sonnenfinsterniszeit

wächst weiter
verwurzelt
im Echo

KOPF EINES BLINDEN
Zu einem Gemälde von Wilhelm Leibl

Für Wolfgang Ratjen

Aufgehoben
im Schlaf
Erwachen tut weh

Gerüche abtasten
Stimmen

Ich seh Worte
die wohnen
in meinem Ohr

Auf meiner Wange
muttermild
Sonne
zuweilen
eine Züchtigung

Grenzen
nicht überschreiten
meine Schritte
zählen

überlegen
wie
werde ich
ich

Wo die Stadt aufhört
ist das Licht
um einen Schatten heller

Kinder schenken Hügeln
das Echo

Bald wird die grüne Milch
weiß

Unter dem Regenbogen
strömendes Himmelshaar

Nackt wäscht sich
der Frühling
du findest ihn
wo die Stadt sich verliert

BRUCHTEIL

Wenn ich
ich sage
meine ich auch
dich
ohne den ich nicht
singen könnte
meine Trauer
die auch Freude ist
an unserem Zusammenspiel

Bruchteil
meines bestürzenden
Überlebens

RECHENSCHAFT

Ich zähle die ersten
Buchenblätter und lege
Rechenschaft ab

Im Windschritt
breitspurig
mein blinder April

Ich zähle die Pulsschläge der Zeit
harte Geburten
mein Puls registriert sie

Ich rechne mich durch
zu zahllosen Tatsachen
mit Hilfe der Null

Tatorte wandern in mir
kann nicht zählen
die Wanderworte

Eilige
legen nicht Rechenschaft ab

WENN

Wenn wir auferstehen
von allen Übeln
ohne Fäulnisgeruch
im Osterwort des Baal-Schem

wenn nicht unsere Übel auferstehn
und wir den unsterblichen
Bruder Kain begraben

wenn Moses wieder das Angstmeer
glättet
und wir Verschiedenen
auferstehen
unser Brot backen
in der Sonnenoase
Schlaf aus dem
Sternquell schöpfen

wenn wir einkehren
in unser zukünftiges Erbe
im Osterwort des Baal-Schem

wenn

feiern wir Passah
das auferstandene Fest

AN DER GRENZE

Angelangt
an der Grenze
zwischen
nichther nichthin

zerschnitten
die blutende Fahne
färbe ich mit Milch

fülle den Traumkrug
mit Milch

für Schneewittchen
meine scheintote Schwester

WÄHREND

Sonntagsschlummer im Gras
du ahnungslos
was unter dir fault und atmet
Mutterstaub Vatergebein
unermüdlich das Wühlen
der Würmer
kriegauf kriegab Freiheitslieder
gesungen Menschen niedergemäht
während du ruhst
beginnt ein Gemetzel
wann geht es zu Ende mit den
Zuendegelebten
während
du eine Sonntagsstunde
verschläfst

DREI BUCHSTABEN

Ich gehe ihm aus dem Weg
laufe ihm in den Weg
der lebenslang um mich wirbt
mit schwarzer Magie

Ich verwandle ihn
in ein Wort
drei Buchstaben
der Wohlklang tut weh

Wir die Letzten oder
die Ersten zum Himmel
eine Blume im Mund
asterngelb
darüber entzündeter Mars
wir Töchter
dicht beieinander
atmen noch ein das Aroma der Erde
am Rand unsrer letzten Frage
die wächst in uns
wächst noch
unendlich

Eh die Zeit anfing
zwischen Himmel und Gras
ich lief unter Jubelgebell
zu schlummernden Weiden

Die Nachtigall weckte sie
eh die Zeit anfing
lernte ich fliegen
ich lernte nicht flog
mit dem Pruth
fischbefiedert
die Flügel im Fleisch
aus Luft

eh die Zeit anfing
Sommer
richtig wie der Atem
ein Schwalbenspiel
arglos

bis
der glückliche Hund
vergiftet im Garten lag
und der Garten lag grau
in der vergifteten Luft

AM RAND

Am Rand eines Gedichtes
leben während der Tag
auf einer dunklen Wolke
davonfliegt
und Menschen sich verstohlen
Zeichen geben

Am Rand eines Gedichtes
erinnert sich der Traum
an ein Gespräch das man
vergessen hatte

jene zusammenklingenden Einzelheiten
im Wortglanz
und seinem Schatten

Schwarz
schwärzer als schwarz
Pupillenangst

Genius
im finsteren Feuer
tanzt
sein Schatten

Den die Dämonen lieben
gnadenlos

wild singt im
Hexensabbatsee
der schwarze Schwan

Mein Papiertempel
aus Palästina
wo ich ein Dattelbaum war

In meinem Geäst
sangen Vögel
die Hoheliedlandschaft

Metamorphosen durchwandert
das Lied verlernt

Ich kann nicht beten

Ein paar Worte
blieben
Fremdwörter
Flügel Liebe Ruh

Ich schreibe sie
an die Tempelwand

Sieben Höllen
durchwandern

Der Himmel sieht
es gern

geht sagt er
du hast nichts
zu verlieren

BLIND

Ich bin blind

Ein Vorübergehender sagt
neben Ihnen geht ein Gedicht
es sucht Sie

Wie sieht es aus

Es ist blind
seine Lippen
leuchten

VERRAT

Der Spiegel sagt
du bist nicht du

Ich bitte ihn
verrat mich nicht
ich schenk dir einen
feinen Rahmen

Der Spiegel sagt
ich bin dein Rahmen
du bist
mein Bild

RITUAL

Die Sonne übt
ihr Ritual
lichtauf lichtab

Wir
unter der Sonne
Faden an Faden
hängen an unserm
Schattendasein

ANDERE ZEICHEN

Ein Windstoß fährt
in die Papierfächer
reißt einen Vers heraus
fegt ihn mit der Kirchenasche
zum rostigen Blätterhügel

Das Gedicht
wird nicht stimmen
aber am Himmel stehn
andere Zeichen

IM WUNDER

Ich verliere mich
im Dschungel der Wörter

finde mich wieder
im Wunder
des Worts

PAUSE

Die Pause braucht mich
um sich zu sammeln

Verstohlen
hol ich aus ihrer
entzündlichen Stille
den Funken

RÜCKWÄRTS

Gleise verschoben
der Zug fährt rückwärts
die Großmutter
ist in festlicher Stimmung

Wir fahren zum Kaiser
sagt sie er liebt uns Juden

Ich strickte ein weißes Wams
aus purem Flaum
reich es ihm mit den Worten
Majestät von Deinen
loyalen Juden

Als ich es ihm darbot
war es
ein unbeschriebener Bogen Papier

Bringt mich zurück
die Landkarte

In der Küche
leuchten die Monde
des mythischen Brotes

Aus dem Ärmel der toten Mutter
hol ich die Harfe
ein Wind vom östlichen Hirtental
rührt die Saiten

Plagen und Wunder
Sandschlagen

Das Zicklein das Zicklein

EINZUG

Nackte Ankömmlinge
von der Brandung
begrüßt

Myrtenwege
führen zu Lufthütten
einer Schar
Verschollener

Im Wasser
verwurzelte
Namen

Wir ziehen ein
in die Legende
ihrer Augen

ziehn Furchen
im Meeresacker

DIE GEFÄHRTEN

Sand und Salz
in den Schuhen
die fußlos wandern

Strandentlang
mit nackten Sohlen
folge ich ihnen

Welle um Welle
ertrunkene Gefährten
schwimmen ans Ufer
mit Muschelgeschenken

Meine Füße waschen sie
waschen weg
meine Spur

AUF BARRIKADEN

Wir auf Barrikaden
immer
dreht sich der Erdball
mit uns revoltiert
gegen sich selber

Wir Erzväter Erzmütter
Urenkel
drehen die Zukunft
auf Barrikaden
aus Steinen
Worten
Blut

ALTER BECHER

Komm mit Hochzeitsjuden
zum Taschentuchtanz

Ausgeschlafen den Rausch
kein Wein im Hungerkeller
Ratten rollen dir zu
die leeren Flaschen

Füll sie mit Wasser
Hundstage nahen
heißer als Glühwein

Vom eignen Schatten beschützt
trink
aus verschnörkeltem Becher
Wermutwasser

KARZER

Ich sing das verbotene
Apfellied
das vor der Geburt erlernte

Karzer
in der Rumpelkammer
fegt mich der Besen
zu Papierblumen
und Gerümpel

Eine Spinne fängt ein
meine Gedanken
die blättern
im samtroten Album
jung die toten Eltern

Nur ich wurde alt
im alten fleckigen
Spiegel

Phönix
mein Volk
das verbrannte

auferstanden
unter Zypressen und
Pomeranzen

Honig
von bitteren Bienen

Salomos Lied
die uralte Landschaft
hügelbeflügelt
im Echo
jerusalemneu

Hinter der Tränenwand
die Phönixzeit
brennt

Fahrt
zwischen Haien

Unser Schiff
schwankt

Wann
ankert
ein Land
am Grund
unserer
Angst

Zurück
ins zukünftige
Meinland Deinland

Hier
heißt der Stein
Zeder Zitrone

Unvergeßlich
die stählernen Brüder
vergaßen den Schlaf

Nicht ins Schlaraffenland
komm
ins stachlige Hier

auf rebellischem Boden
verläßlich die Hüter
pflanzen
beständigen Traum

Komm
ins Zurück
die Stacheln grünen

Saft
aus dem Stein
schlägt der
Mosessohn

MIT DEM SIEB

Mit dem Sieb
schöpfe ich Wasser
für meine Mühle

halte die Flügel in Gang
mit meinem Atem

mahle
den Hunger

PIETA

Für Nelly Sachs

Abgetragen das Dach
mit dem Schwalbennest
Ziegel dem Feuer zum Fraß

Im Wolkenfloß
wasserbeladen
strömst du
zum brennenden Haus

versengte Seelen im Arm
Pieta
wem fielen die Schmetterlingsflügel
zum Opfer

Brüchige Burg
auf dem Sandberg
morsches Haus im Morast

Wo
Schwester der Schwalben
Schmetterlingsschwester
wo finden sie
Zuflucht

WIEDERKÄUER

Im übersättigten
Hungerjahrhundert
kaue ich die Legende
Frieden
und werde nicht satt

Kann nicht verdauen
die Kriege sie liegen
mir wie Steine im Magen
Grabsteine

Der Frieden
liegt mir am Herzen
ich kaue
kaue
das wiederholte Wort
und werde nicht
satt

LETZTE MUTTER

In Blut und Wasser geboren
erzogen im Urwald
der Großstadt

Ein Dschungel grenzt
an den andern
durch Messer getrennt

Mit dem Lichtgipfel fliegen
im Giftfluß schwimmen

Letzte Mutter
Luft
wir bringen sie um

DEIN HAUS

Die Sonne sagt
schlaf dich wach
mein Kind
ich leuchte dir
heim

Der Regen
ich weine um die
verbrannten Kinder
mein Kind
weine mit mir

Staub
mit erstickter Stimme
mein Haus ist
dein Haus

Dein Gesicht
das Auge
in deinem Gesicht
der Glanz im
Aug deines Gesichts

Aug in Aug
diese helle
Verwundung

WANN

              ist die Zeit um
wann
              kommen die Kinder heim
              vom Feld
wann
              wächst wieder Grashaar
              auf der rasierten Erde

Im Zimmer
              zwölf Zahlen
              umkreisen dich
              plappernd
              NO EXIT

Wenn der Krieg beendet ist
am Ende der Zeit

gehn wir wieder spazieren
in der Muschelallee
einverstanden
mit Mensch und Mensch

Es wird schön sein
wenn es sein wird

am Ende der Zeit

Auch hier
brannte der Strauch

Der es sah
entbrannte
in Liebe zum Feuer
hielt es in Atem
verzehrend

Gelb

Es zog ihn
in den Sonnenstrudel

Welt
wahrgemalt
vom Wahn

Melancholie
vorabendblau

Staubgeflüster

Im Schattenlaub
brechen Tiere zusammen

Der Herbst ist ein
goldener Kadaver

Wald
blutende Wunde

*

Deine Wunde
heilte nicht
Georg

KÄTHE KOLLWITZ

Im Schatten der Mütter
haben Kinder
das Gruseln erlernt

In ihren Augenhöhlen
nisten
Hungervögel

Angstwangen
Schwarz an Schwarz

Keine Blumen gepflanzt
das sei überflüssig

Nichts Überflüssiges
nur
wilder Klatsch-Mohn
schwarzzüngig
ruft uns ins Gedächtnis
wer unter ihm
blühte

STRAND IM AUGUST

Muschelmuster
die Toten schimmern

Feuer
aus Sand

Meer
auf unsre Brandwunden
streust du
Salz

an jedem Halm
schärft Sonne ihre Messer
wetzt es an unserer Haut

Wir wehren uns
springen
von Schatten zu Schatten

Hemmungsloses Gestirn
was haben wir dir getan

Mitverschworen
auch Schatten sind
Schergen im Plan

Wir träumen
Quell und Stab
Moses schlag
ans Steinherz der Sonne
uns dürstet nach
Nacht

Wer kennt nicht
die Beruhigung der Sterne
wenn die Nacht
ihre Träume abtritt
an unsern Schlaf

Schatten
Fische
Schaukeln im Fluß
diese Flut von Berührungen

Verschieden
sind die Formen
der Liebe
und Angst

wenn die Nacht
ihren Schlaf abtritt
an unsere Träume

Atem an Atem
mit Licht und Staub

zu jungen Blumen
kommen wir altes Geschlecht
wie jung wie alt
ist das Löwenzahn-Luftherz

Staub ist immer
was bleibt unter dem Blau
diese weltweite Glocke

Messer und Sterne verschluckt
aus unserer Hand
fraß das Feuermaul Angst

Atem an Atem
mit dem Licht mit dem Nichts
zu jungen Blumen kommen wir
altes Geschlecht
Schlafwandler
sichern Schritts
wir kommen nachts mit
feinen Messern der Liebe
schneiden den Mond
aus dem Staub

NACHTSTÜCK

Messing des Mondes

Du
unter dem Wanderkreis
deine eckige Form
ein zappelnder Vogel
verwirrt im Glück
deines Nachtgefieders

ehe der Morgen
dich wieder fesselt
und dein Rätsel
Fragen stellt

DER BRUNNEN

Im verbrannten Hof
steht noch der Brunnen
voll Tränen

Wer weinte sie

Wer trinkt
seinen Durst leer

DAS ZIEL

Das Ziel ist an mir
vorübergegangen

Als ichs erkannte
war es schon
am Horizont
angelangt

und verlor mich
aus den Augen

Für Marie Luise Kaschnitz

Du
und der Kirschbaum
und die rasende Straße
und der Ozean
und der Blitz

Du
und deine Angst
und dein Zorn
und dein Aberglaube
und dein Glaube
            »Let My People Go«

Du
und der Stern
und das Wort Stern
und das Hauptwort
und das Nebenwort

und das Nebeneinander
und das Miteinander
und
            du

Ich bekenne mich

zur Erde und ihren
gefährlichen Geheimnissen

zu Regen Schnee
Baum und Berg

zur mütterlichen mörderischen
Sonne zum Wasser und
seiner Flucht

zu Milch und Brot

zur Poesie
die das Märchen vom Menschen
spinnt

zum Menschen

bekenne ich mich
mit allen Worten
die mich erschaffen

KREISEN

Wieder ein Jahr als Ring
in den Baum gewachsen
der stillsteht und
ahnungslos kreist
mit der Erde

Auch die Geschöpfe
merken nicht daß sie kreisen
und Jahre sie einkreisen
atemstark
wie den Baum

Halte mich in deinem Dienst
lebenslang
in dir will ich atmen

Ich dürste nach dir
trinke dich Wort für Wort
mein Quell

Dein zorniges Funkeln
Winterwort

Fliederfein
blühst du in mir
Frühlingswort

Ich folge dir
bis in den Schlaf
buchstabiere deine Träume

Wir verstehn uns aufs Wort
wir lieben einander

ERFAHRUNG

Erfahrung sammeln
in Wäldern Bergen
Städten

in den Augen
der Menschen

in Gesprächen
im Schweigen

GEDÄCHTNIS II

Wälder umgrünen
Berge besteigen
mein Gedächtnis

Tote Freunde
schwimmen an mein
Erinnerungsufer

Die Zukunft
schreibt Gedichte
an mein Gedächtnis

FINDEN I

Suche finde das Wort
das nicht verlorengeht

Gib es allen
denen es gehört

IM FLIEGENDEN BETT

Ich atme Gedichte
im fliegenden Bett
das mich träumt

Welt aus Worten

Sie fliegen
ins Sterben
ins Auferstehn

Sie fliegen zu euch

Lang hab ich dir zugesehn
Welt
wie du dich schüttelst mich schüttelst
dich bemühst
mich abzuschütteln

Dein Wüten weckte
meinen letzten Verstand
ich glaube dir nicht
Heuchlerin
du bist nicht frei

Zu lang hab ich dir zugesehn
ich lasse mich nicht beirren
geh meinen Wortweg weiter

Lies es
schwarz auf weiß
mein Traum und ich
sind stärker
als dein wankelmütiger Wille

Diese Gegenstände aus Metall
ermüden mich

Komm
mein Flügelroß
bring mich in den Wald
zu meinen Bäumen
und Vögeln

Komm Pegasus
bring mich zurück
in die Stadt
zu meinen Menschen

Schreib
deine eigene Welt
zu Ende

ehe das Ende
dich abschreibt

BITTE II

Wahrheit
sag mir die Wahrheit

Trag mich
auf deiner Schulter
sternweit

Ich will
dir tragen helfen
Rose und Schwert

Hölderlin
um Gerechtigkeit ringender
Götterfreund

Trakl
seine herbstliche Melancholie

Rilke
der Gott erschafft

Der verzweifelte
Celan

Li-Tai-Po
der fröhliche
singt

EINLADUNG

Auf dem Tisch
Äpfel und Wein
Blumen zerbrechliche Farben

Du bist eingeladen

Ich wohne im Haus
Nummer Null

Den Duft malte Monet
Äpfel gereift bei Cézanne
den Wein brachte die Flaschenpost

Ich wiederhole
du bist herzlich
eingeladen

Ihren langen Atem
schenkt sie Welten
die sich erkennen
von Wort zu Wort

Bäume verknüpft
mit ihren Wurzeln
sprechen ihr Deutsch

Ihr Reim hat Raum
für alle Kreaturen

Wenn sie weint
trösten sie Träume

Der Himmel hängt an einem Haar
das spinnt ihr Wort
bis an die Augen unsrer Blindenzeit

Mein malendes Leben
ich schöpfe Licht
aus dem Dunkel

Saskia schöne
Gefährtin der Freude

Die mächtigen Männer
erkennen sich nicht
im Bild
es bekümmert mich nicht
ich hab sie erkannt

Ich sehe die Sicht
des blinden Homer
seziere den Leichnam
sein Los bekümmert mich nicht

Mein Los
hat viele Gesichter
sie malen sich
mir in die Hand

So viel

Wer kann
so viel sagen
wie er will

Wer will so viel
wie er denkt

Wer denkt soviel
wie er lebt

Wer lebt so sicher
wie er stirbt

DER HIMMEL

Er hat seine Masken abgelegt
Nachtwolken verbieten
den Sternen
Schwester Erde
zu sehen

Er träumt
daß sein endloses Schwarz
Trauer trägt um die Sonne
er träumt die Menschen auf Erden
die ihn blau träumen

Im undurchdringlichen Dunkel
zählt er seine Wohnungen
sieben sollen es sein
aber es stimmt nicht
unendlich mehr

Er zählt unendlich

Die Uhr macht
keine Sprünge

Ihre zwölf Landschaften
kreisen
um dein Leben

Kein Gebirge
kein Tal
nur klares Ebenmaß

minuziös

ALMOSEN

Ich gehe von Haus zu Haus
Bettelmönch
Brotworte sammeln

Goldmünzen
mit stolzen Köpfen
ich grüße sie
bitte um Spende

Sie sehen an mir vorbei und
lächeln

In meine Almosenschale
fällt Schnee

DIE ARCHITEKTEN

Ein Haus aus Phantasie
Gedankendach

Nicht
Wörter aus Silbenschaum

Frühling der mit Farben
um dich wirbt
die Schlagader des Sommers
in deinem Ohr
für dich blutet der Herbst
Erfinder des Winters so weiß
ist deine Einbildungskraft

Ja es gibt sie noch
Erbauer immaterieller Wohnungen
hinter Beton und Stein
errichten sie den Raum
für uns alle

MIT GULLIVER

Weltreise
mit Gulliver

Däumlinge tanzen
mir auf dem Kopf

Ein Riese
hält mich in seiner Hand

Sie erzählen mir Märchen

Ich stammle
Kanitverstan

Unsere Sterne

Um den Atemmond
namenlose erleuchtete Sterne

Unsere irdischen Sterne
Brot Wort und
Umarmung

Als gäbe es
einen Himmel
und eine aufblickende
Erde

Als gäbe es
leuchtendes Blau
dumpfes Braun

Als gäbe es
Erdworte
überirdische Worte

Als gäbe es
Deinwort Meinwort
dich und mich

In Memoriam

In einer Mainacht .
mir anvertraut
als Mutter

Gespielin
die mir zurollte
den Mond

Hungerjahre
aßen wir

nicht Fleisch nicht Brot
Sterngeduld

Mit dem Kerzenglas
trinke ich dir zu
Talgtropfen
und singe dein Lieblingslied

»Laß uns singen auf die Feinde
(verrat's ihnen nicht)
die Tränen rinnen
aus dem Becher ins Nichts«

wo du dich
leerträumst
allein

GOLDRAUSCH

Mein Flügelbett
fliegt mit mir
nach Alaska
um Gold zu suchen
mit Charlie
der das traurige Lachen erfand

Eben
ist er ein Hahn
den sein Hungerpartner
verschlingen will

Er wehrt sich
und bleibt
gottlob
am Leben

Ich lache und weine

Aber Gold
ach
finden wir nicht

Immer singt der Samowar
Kümmelbrotduft
würzt das Zimmer

Zwei Herzkirschen auf Stengeln
übers Ohr gehängt

Kartoffeln auf Kohlen rösten
komm sei unser Gast

Unter Harztränen im Herd
bricht der Tannenast zusammen

Sonntags die bunte Tracht
Tanz und Harmonika

Im Wodka
funkelt das Messer

BUKOWINA II

Landschaft die mich
erfand

wasserarmig
waldhaarig
die Heidelbeerhügel
honigschwarz

Viersprachig verbrüderte
Lieder
in entzweiter Zeit

Aufgelöst
strömen die Jahre
ans verflossene Ufer

In Afghanistan wachsen Teppiche
aus Fingerwurzeln die Schönheit
ist ein verschleiertes Mädchen mit Phosphoraugen
kauf Jugend bei der klirrenden Luft
der erznen Sonne

Nachts ein Messer die Ebenholzgrenze
schwarz der Schnee
des Eisbergs Kristallherz verschlossen
unter dem Schleier gefrorener Wangen
glitzert der Starrsinn der Sterne

Taschen die Teppiche tragen
tragen das Land Taschen aus Löchern
rollen Dukaten in den Schnee
in die Hände der Krämer
o die schönen Augen der Kinder
tragen den Kobalthimmel
kauf Finger und mandelförmigen Glanz

Karawanen Kamele gepeinigte Esel
tragen zu Markte das Elend
aus blühenden Teppichen
im Wasser tanzt der Typhus
in hilflosen Leibern

Lüfte den Schleier
verwunschen die Augen der Göttin
Schlangen schlafen im Korb
es ist Frühling und Winter
nimm deine Jahre in Kauf
der Krämer hat kostbare Stoffe
verwoben mit Sonne Schneeglanz
Blut und Verzicht

SIBIRISCH

Kraft an Kurven geübt
der Wind hat
feste Muskeln

Hinter dem Atem
Funken an Lappland streifend

Krähen
Schnee im Schnabel
Schatten
aus Lapislazuli

Als Bär vermummt
aber die Bienen
fortgezogen
Honigspur in der Wabe
vereist

Im Kreidedorf
am erstarrten Teich vorbei
bringt die Schlittenpost
Wolfsgeruch
aus Sibirien

JERUSALEM

Wenn ich den blauweißen Schal
nach Osten hänge
schwingt Jerusalem herüber zu mir
mit Tempel und Hohelied

Ich bin fünftausend Jahre jung

Mein Schal
ist eine Schaukel

Wenn ich die Augen nach Osten
schließe
schwingt Jerusalem auf dem Hügel
fünftausend Jahre jung
herüber zu mir
im Orangenaroma

Altersgenossen
wir haben ein Spiel
in der Luft

Ja sagen
zum Leben

das mit dir
und deinen Worten
spielt

Wortspiele
voller Heimlichkeit
Tücken und Wunder

Lust und Trauerspiel
deines Daseins

ZUSAMMENWACHSEN

Mach dir keine Sorgen
um meinen Tod

Ich werde
auch unter der Erde
leben

Sie nimmt mich auf
hält mich
in ihrem Atem

Wir wachsen
zusammen

ORAKEL

Wer kommt an die Reihe
Keiner meldet die Wahl

Schatten ummauern
Namen und Mund

Eine Uhr um die andere
taub
lallt Litanei

Zigeunerspruch
kleines Orakel kündet
was du schon weißt
oder nie wissen wirst

bald
die Reihe an dir

Du wirst dich trennen
von den Magnolienbäumen
und den jubilierenden Vögeln

von deinem Haus
und den Händen
die es bewohnbar machen

von der hartnäckigen Gewohnheit
die Augen aufzuschlagen
und zu schließen
wenn der Traum dich ruft

vom Wort
das dich erschaffen hat

Du wirst dich trennen
von deinem Schatten
der dich lebenslang
verfolgte im Licht

Die Erde wird sich trennen
von dir
und deiner Liebe zu ihr

MIT EUCH ALLEN

Schweben
mit dem Vogel

mit der Sonne
leuchten

rollen mit der
Erde

mit euch allen
feiern
das unverläßliche
Leben

Wir hungerten fluchten
liebten die Liebenden
die mit uns lagen
im Lehm

Wir erblickten
ein verstörtes Gesicht
schwarze Augenhöhlen
die Wangen Löcher
Haar und Hände weiß

Im schwarzen Spiegel
der Augenhöhlen
sahen wir
unsern eigenen Schatten
und fragten erschreckt

Wo bist du
Frieden
wir haben dir
Treue geschworen

und erwachten
im Lehm

Wieder hält mich der Wald
in Atem
Kann es so grün sein
nach schwarzen Jahren

Amseln bejahn meine Ahnung
ich lebe im Spalt zwischen
Stern und Stein

Über-mir-Insel
so blau kann es sein
nach schwarzen Jahren?

Ich halte die ich verlor
laß nicht fallen die Gefallenen
sie halten mich in Atem

Wieder umrauscht mich der Wald
Amseln bejahn meine Ahnung
ich lebe im Spalt zwischen
Grab und Grün

Die ich verlor die ich halte
hält sie ein milderer Stern
in einem Himmel
ohne Hinterhalt?

Königlich arm
den Wortschatz
im blutenden Mund

Die Gefallenen
heben wir auf
bedecken sie
mit dem Tränentuch

rebellieren
gegen die Schützen im Feld
im Allüberall

Heimathungrig

Unsern täglichen Tod
begraben wir im Wort
Auferstehung

Hallelujah
irdisches Wort
ich atme es
auf die Adamstafel

Ruhloser Stern
der uns dichtet
unsere Namen mit grünen Fingern
schreibt auf die lange
Adamsrolle

Ich denke dich
schön aber rebellisch
voller Ecken ein stachliges
Atemkarussell

Hallelujah
Vaterstern Mutterstern
vom Himmel erdacht
auf rollender Adamskugel

ich denke dich
apfelgrün
brotbraun
schattenschwarz

Die Zeit ein Reptil
hat mich gefressen

Unverdaut liege ich
in ihrem langen Leib
halblebend halbtot

Das träumte mir
als ich mit Josef
im Kerker lag

Die Magerzeit liegt mir
im Magen

Josef ist tot

sein gespeicherter Weizen
ergießt sich
ins Tote Meer

Mit meinem Volk in
die Wüste gegangen
ich betete nicht
zum Schlangen- und
Sandgott

Oasenglück
Manna und Moseswasser
einfache Wunder
gegessen getrunken

Vielhundert Jahre gewandert
von Wort zu Wort

Ich bin nicht
ich werde und stehe ein
für das unverläßliche Leben

Eine Insel erfinden
allfarben
wie das Licht

In seinem Schatten
willkommen heißen
die Erde

Sie bitten
uns aufzunehmen
in Gärten

wo wir wachsen dürfen
brüderlich
Mensch an Mensch

SCHWÜRE TAUSCHEN

Daß nicht aufhöre
das bestürzende Glück
Schatten fangen
Worte

Mit Magneten geheftet
an die rotierende Erde
Salz und Feuer im Blut
Schwüre tauschend

Trost
der Zukunfterinnerung

Daß nicht aufhört
der Dorn ins Herz zu wachsen
die Rosenbetörung

Flucht
in die letzte Herzenskammer
hier soll
kein Tod uns ertappen
Schwüre tauschen
die Schattenumarmung
ertragen

VERSÖHNUNG

Wieder ein Morgen
ohne Gespenster
im Tau funkelt der Regenbogen
als Zeichen der Versöhnung

Du darfst dich freuen
über den vollkommenen Bau der Rose
darfst dich im grünen Labyrinth
verlieren und wiederfinden
in klarerer Gestalt

Du darfst ein Mensch sein
arglos

Der Morgentraum erzählt dir
Märchen du darfst
die Dinge neu ordnen
Farben verteilen
und wieder
schön sagen

an diesem Morgen
du Schöpfer und Geschöpf

Dennoch herrlich
Staub aus Fleisch

Diese Lichtgeburt
im Wimpernschoß

Lippen
ja
es bleibt noch
viel zu sagen

WORT AN WORT

Wir wohnen
Wort an Wort

Sag mir
dein liebstes
Freund

meines heißt
DU

AUFTRAG

Ich erlaubte dem Wind
durch meinen Sprachraum
zu fliegen

schickte ihn
zu dir
mit einem Gruß

Hat er
dich schon erreicht
Sprachbruder

VERTRAG

Einen Vertrag machen
zusammenzuhalten

bis ins Wurzelwerk
bis zu den strengsten Sternen
im letzten Himmel

du und du und du

LEBEN

Du ein Vogel
im Atemland
der unsern Atem singt

Dein Messer
kerbt
Linien
in unsere Hand

Du verwandelst uns
in dich

BALD

Ich schlage die Zeit tot
mit dem Hammer
aus Worten

lasse sie wieder wachsen
mit Wurzelworten

Sie schenkt mir den Frühling
und nimmt ihn zurück

gibt mir den Winter
es schneit auf mein Haar

Bald
bin ich weiß wie Schnee

DIE STIRNE

Kreuzwege
Krümmungen

Auf unebenen Zeilen
die abgegriffenen
Buchstaben
das dunkle Aderwort

Unter dem Liniengespinst
kreist
der Kosmos

liegen die namenlosen
Namen

Heimatfremde
Tischleindeckdich
das zuckende Flämmchen
Lust

Dort
ist jetzt hier

Du bist
im Schneckenschritt
zurückgekommen
von dir zu dir

UNSERE STUNDEN

Das weiße Frachtschiff
Unter dem Regenbogen
segeln vorüber
die bizarren Lofoten
an unseren Stunden

Wir haben Zeit
das Gebirge hat Zeit
nur die Stunden
unsere
eilen

BUKOWINA I

Grüne Mutter
Bukowina
Schmetterlinge im Haar

Trink
sagt die Sonne
rote Melonenmilch
weiße Kukuruzmilch
ich machte sie süß

Violette Föhrenzapfen
Luftflügel Vögel und Laub

Der Karpatenrücken
väterlich
lädt dich ein
dich zu tragen

Vier Sprachen
Viersprachenlieder

Menschen
die sich verstehn

Die Sonne sticht
ihr Feuer ins Wasser
schleift
Klippen und Kies

Wir kamen her
um zu ruhn

Der rote Faden im Thermometer
schnürt uns den Atem zu
nicht Schlaf nur Traum
ist hier möglich

Aus Zigeunerzelten
Harmonikamelancholie
ein Gürtel von Hügeln und Hitze
umschnürt die Wanderer
in ihrer eigenen Heimat
verschollen

Unruhig
lauschen wir

Aix

Gelassen
atmet der Tag
sein Ritual

Häuser
zeitgelb verschwistert

Einsilbig sagen
Brunnenlippen
den Augenblick

Unsichtbar
im Hintergrund
cézanneblau
St. Victoire

Der schwebende Schritt
der Stadt
geht in dich ein

NICHTS ÜBRIG

Vergib mir
Meer
ich kann nicht
schwimmen nicht tauchen
um deine rebellischen Märchen
zu finden

Es bleibt mir nichts übrig
als sie zu erfinden

STERNE

Funken im Fenster
das Fenster ein Vogel
fliegt zum Horizont

Sterne meine Ahnen
ich leg ihnen meinen
Staub zu Füßen

TRÖSTUNG

Ich tröste mich
mit dem geträumten Meer
mit Drosselliedern
aus dem vergangenen Wald
mit guten Worten
verlorener Freunde

mit der Erinnerung
an die Zukunft
aus Liebe und Tod

LIEBE II

Ich liebe
Berge Bäume Blumen
das Meer
manche Städte zum Beispiel Venedig

Licht und sternrundes Dunkel
die Augen des Menschen
das Wort
dem ich Treue geschworen
den Frieden

und die Luft
die mich atemlang liebt

HEXENSOMMER

Schimmellicht
über hilfloser Ebene

Schwalbenlos
umarmt der Sommer
die Hexe vom Knusperhaus

Paarweis
kommen die Kinder
knabbern an den
verwunschenen Steinen

Rot
lacht der Sommer
im Ofen

DAS NETZ

Ich möchte etwas sagen
ein Wort
das alles sagt

Nicht
ich bin ich
nicht gebet mir
Funkeldinge Länder Geld

Das Wort
fällt mir nicht ein
ich falle
mir selber ins Wort

falle in ein Netz
aus zeitgeknüpften
Silbenmaschen

Wenn ich Gold sage
mein ich das Wort

Wenn ich Wort sage
meine ich
Gold Weltanfang Mensch

dich und mich
im Gespräch

Gefräßiges Tier
die glatte Haut
weiß
seine Poren
Magnete

Du fütterst
sein offenes Maul
schüttest dein Blut
in sein Ohr

Geduldig
frißt das stumme Tier
deine Lust
und Verzweiflung

VOGELWORT

Ich fliege zu euch
mit einem Vogelwort

Manche
nehmen mich
gastfreundlich auf

Andere fragen
wie wagst du
bei uns zu fliegen

Ich antworte nicht
fliege
mit meinem Vogelwort

SONNE

Während ich schreibe
ist die Nacht
an mir vorübergegangen
nicht spurlos
ich spürte sie hämmern
in meinen Versen

Der Tag
schreibt andre Gedichte
sein schönstes
trägt er mir vor
Sonne

Ich kann nur
staunend zustimmen
nie
wird mir solches Lichtlied
gelingen

Wenn ich verzweifelt bin
schreib ich Gedichte

Bin ich fröhlich
schreiben sich Gedichte
in mich

Wer bin ich
wenn ich nicht
schreibe

PASSAH II

Schließ auf das Ostertor
mit der Schlüsselblume

Jenseits
teilt sich das Meer
mit Schneehänden
pflücken wir Salz
ziehn in die Wüste
wo Sonne das Mannabrot bäckt

Uhr ohne Zeiger
der Kompaß hat keine Magnetnadel

Fünftausend Jahre
Goldsandgeraun

Wieder vom Keller
Rosinenwein holen
grüne und bittere Kräuter
auf dem Lichttisch

Öffne die Tür
Schoschannah
unsichtbar mit der Zukunftluft
kommt der Bote

ANTWORTLOS

Vom Spiegel fordere ich
Aug um Aug
Zahn um Zahn

Ich stell ihm
eine Handvoll Fragen

Das Ebenbild
im Glas
gestikuliert

Haar Wange Mund
mein treues Doppeltier

antwortlos
blickt es mich an
und sieht mich nicht

KEIN ZEIGER

Nacht an Tag an Nacht
kein Zeiger
unterbricht den Fluß

Aber wir
schneiden uns Stücke Zeit
Gewänder aus Wörtern
für den Geist der Dauer

wecken Worte
aus dem Atem
Tag an Nacht an Tag

Kein Zeiger
unterbricht
den Atemstrom

RATSCHLAG

Ein Engel
lud mich ein
in den Himmel

Mephisto bot mir
die Hölle an

Ein Mensch
riet mir
»Schreib
deinen dauernden Aufenthalt«

Ich will wohnen
im Menschenwort

SCHICKSAL

Viermal
klopft es an deine Tür
wie Beethovens Fünfte

bedroht deinen Atem
in jeder Jahreszeit

Form eine Rose
aus Worten
ihr kurzlebiges Schicksal

Fahr
einen Schlitten aus Schnee
in deine schicksalhafte Zukunft

Rück einen Schneemann
von Haus zu Haus

Er lacht
über das Schicksal
der unfaßbaren Welt

HONIGWABE

Einziehn
in die Bienenmusik

Im Wabenschloß
summen
die leuchtenden Kammern

Hörst du das Echo
des Honigmilchlieds

Salomo sang es
als du ein Traum warst
im Luftschloß

Trink
das verwandelte
Blumengeheimnis

BEGLEITER

An der Angstgrenze
Zigeuner Glück
Zigeunerin Trauer

Zelte aufschlagen
Zelte falten

Deine Füße kennen
die Unterschrittswelt
den Lehmweg

deine Augen
den Rosentrost

Begleiter zur Grenze
Dingwörter
Traumworte

ANKLAGE

Tote Freunde
klagen dich an
du hast sie überlebt

Du weinst um sie
und lachst schon wieder
mit andern Freunden

Deine Blumen
auf ihren Gräbern
versöhnen sie nicht

Du trauerst um ihren Tod
und machst Gedichte
aufs Leben

Aus dem Himmel
eine Erde machen
aus der Erde
einen Himmel

wo jeder
aus seiner Lichtkraft
einen Stern ziehen kann

SÄTZE

Kristalle
unregelmäßig
kompakt und durchsichtig
hinter ihnen die Dinge
erkennbar

Diese Sucht
nach bindenden Worten
Satz an Satz
weiterzugreifen
in die bekannte
unbegreifliche
Welt

Vergiß
daß du einmal
schön warst

Deine Schönheit
hat dich verlassen

Verlaß sie
komm zum Denken
das weiß
was schön
bleibt

GUTE ALTE ZEIT

Fotos
aus der »guten alten Zeit«

Dein Blick fliegt zurück

Wieder siehst du
die Windungen deiner Anfanggasse
das Wohnhaus in dem du
die ersten Silben lalltest

Du hörst Fiakerräder
Rufe aus Fenstern

Im Garten
singt morgens die Nachtigall

Bizarre Kräuter sprießen
auf Winterscheiben

Deine ersten Verse

Die gute alte Zeit
strömt wieder an dir vorüber

mündet in den Krieg

VORABEND

Schattenblau
bis an den
honigfarbnen Horizont

Hermaphroditen
steigen
auf bewegliche Terrassen

während
das Sonnenknäuel
abspult

VERSTOHLEN

Rosen aufgeblüht
verwelkt
die Vase strengt sich nicht an
sie kommen sie gehen

Sonnenstrahlen
und ein vermeerblauer Schatten
verwandeln den Tisch
ein paar Minuten
in ein Stilleben

Aber verstohlen
geht die Zeit
wasistdas
weiter
welkt nicht blüht nicht

Kostbar der Herzschlag
jeder Minute
sie schenkt dir den Atem
erlaubt dir anzufangen
aufs neue

In deinem Augenstern
kreist die verwirrende Welt
ruht das Himmelsherz
jede Minute

SIE TRÄUMT

Mit Siebenmeilenwünschen
um den Nabel der Erde

Sie baut Berge
im Tal
spricht Wasserfälle
schweigt Fischgedanken

Schlaf
hat kein Bett
in ihrem Haus

Sie träumt
sie träumt dich
wach

ALT UND NEU

Mit alten und neuen
Landschaften
neuen und alten Worten
verlorenen und wiedergefundenen
Freunden
leben

Blicke deuten

Vor dem Abgrund
die Augen nicht schließen

Sich mit Altem zufriedengeben
protestieren

Endlos
von neuem anfangen

RAUM II

Noch ist Raum
für ein Gedicht

Noch ist das Gedicht
ein Raum

wo man atmen kann

TEILEN II

Ich schüttle
einen Apfel
vom Traum

Komm
laß uns teilen
die Frucht

den Wurm
in der Frucht

den Traum
laß uns
teilen

DIE ZEIT

Wird kommen die Zeit
ist da
vergeht und bleibt

spielt mit dir Blindekuh
versteckt sich nachts
ein Silbervogel
in deinem Traum

Sterne fallen
der Mond
kommt und geht
mit der Zeit
die vergeht und
bleibt

AM ZIEL

Von einer Sekunde
zur andern
schlagen die Hämmer
der Uhr
eine Brücke

Du gehst
und glaubst manchmal
du seist angekommen
am zeitlosen Ziel

DETAIL AUS DEM TOTENTANZ

Für HAP Grieshaber

Karussell
im sausenden Kerker

Steig ein
Säugling
die Mutterbrust
schützt dich nicht

Anmutig lächelnd
hinter dir
neben dir
in dir
treu
der Tod
liebkost
deine mimischen Masken

TRANSIT

In der Schlacht
geschlagen
Truppen im Transit

Wir strecken
die Waffen

Nimm uns gefangen
Herr
in den Frieden

Rose Ausländer
Erinnerungen an eine Stadt

Eine entlegene, osteuropäische Stadt, nicht groß, nicht klein: Czernowitz, die Hauptstadt des Kronlandes Bukowina, der ehemaligen österreich-ungarischen Monarchie. Die Bukowina, auch »Buchenland« genannt – von den Nordost-Karpaten breitet sie sich hin über die waldreichen Berge und Hügel des Karpaten-Vorlandes, zur podolischen Steppentafel im Norden, zur bessarabischen im Osten. Ende des 14. Jahrhunderts findet sich die erste urkundliche Erwähnung als »Buchenland«. Der Süden ist altes rumänisches Stammland unter moldauischen Fürsten. 1514 kommt die Bukowina für ein Vierteljahrtausend unter türkische Oberhoheit. 1775 fällt sie an die Habsburger Doppelmonarchie, die sie später zum selbständigen Kronland macht. Die etwa 160–170000 Einwohner der Stadt Czernowitz setzten sich aus Deutschen, Ukrainern, Juden, Rumänen sowie Minderheiten von Polen und Madjaren zusammen. Eine buntschichtige Stadt, in der sich das germanische mit dem slawischen, lateinischen und jüdischen Kulturgut durchdrang. Bis 1924 – obwohl die Bukowina schon 1918, nach dem Ersten Weltkrieg, Rumänien zugesprochen wurde – war die Landessprache rumänisch *und* deutsch, nachher bis ans Ende des Zweiten Weltkrieges war sie offiziell rumänisch, praktisch aber weiter deutsch. Deutsch war nicht nur die Umgangs- und Kultursprache, es war und blieb die Muttersprache des größten Teiles der Bevölkerung. Eigentlich blieb Czernowitz bis 1944 eine österreichische Stadt – seitdem gehört sie zur ukrainischen Sowjetrepublik.

Die verschiedenen Spracheinflüsse färbten natürlich auf das Bukowinaer Deutsch ab, zum Teil recht ungünstig. Aber es erfuhr auch eine Bereicherung durch neue Worte und Redewendungen. Es hatte eine besondere Physiognomie, sein eigenes Kolorit. Unter der Oberfläche des Sprechbaren lagen die tiefen, weitverzweigten Wurzeln der verschiedenartigen Kulturen, die vielfach ineinandergriffen und dem Wortlaub, dem Laut- und Bildgefühl Saft und Kraft zuführten. Mehr als ein Drittel der Bevölkerung war jüdisch, und das gab der Stadt eine besondere Färbung. Altjüdisches Volksgut, chassidische Legenden »lagen in der Luft«, man atmete sie ein. Aus diesem barocken Sprachmilieu, aus dieser mythisch-mystischen Sphäre sind deutsche und jüdische Dichter und Schriftsteller hervorgegangen: Paul Celan, Alfred Margul-Sperber, Immanuel Weißglas, Rose Ausländer, Alfred Kittner, Georg Drozdowsky, David Goldfeld, Alfred Gong, Moses Rosenkranz, Gregor von Rezzori, der bedeutendste jüdische Lyriker Itzig Manger u. a.

Czernowitz war häßlich und schön: architektonisch stillos, uninteressant, aber landschaftlich lieblich und von eigentümlichem Reiz. Eigentlich ist die Stadt ein enormer Hügel. Vom Flußtal des Pruth erhebt sie sich in steter Steigung ungefähr 150–200 Meter bis zum waldgroßen Volksgarten. Auch andere hügelige Naturparks und viele blumenreiche Privatgärten zierten die Stadt. Sie ist von einer Kette prächtiger alter Buchenwälder umschlossen, wo Amseln, Drosseln und Nachtigallen sommers ihren Stimmen freien Lauf lassen.

Östliches Kulturzentrum und seit 1875 Universitätsstadt, aber auch eine lebhafte Industrie- und Handelsstadt, wirtschaftliches Zentrum eines großen Einzugsgebietes, das nicht nur die ganze Bukowina, sondern auch Nordbessarabien und den nördlichen Teil der Moldau umfaßte. Man las viel, nicht nur Zeitungen, Zeitschriften, Sekundärliteratur und Unterhaltungslektüre, sondern gute, beste Literatur. Man diskutierte mit Feuereifer, musizierte und sang. Das Stadttheater war immer gut besucht, bei Gastspielen ausverkauft. Ein beträchtlicher Teil der Jugend, geistig aufgeschlossen, war von unersättlicher Wißbegier. Das zentrale Interesse vieler Intellektuellen galt nicht dem ehrgeizigen Planen einer einträglichen Karriere, nicht einem technisch höheren Lebensstandard, es ging ihnen vielmehr um erkenntnisreiche Einsichten, sei es auf Wegen der Wissenschaft, Philosophie, Politik oder durch das Erlebnis von Mystik, Kunst, Dichtung und Musik. Ein Teil der intellektuellen Jugend war politisch engagiert – es war kein »Salon«-Engagement. Diese jungen Menschen brachten die schwersten Opfer, wurden in den Kerker geworfen, mißhandelt und von der Polizei auf grauenvolle Weise gefoltert, ohne über und gegen ihre Genossen etwas auszusagen. Ein anderer Teil der Jugend war musisch interessiert. Trafen sich Freunde, geriet man in leidenschaftliches Diskutieren über philosophische, literarische, künstlerische Themen und Probleme – bis in die Morgenstunden. Oder man kam gesellig zusammen, sang deutsche und anderssprachige Volkslieder, ebenfalls bis in die Morgenstunden. Die Jugend hatte Zeit oder nahm sich Zeit – Studium und die berufliche Arbeit waren Nebensache, eine peinliche Notwendigkeit.

So entstand beim intellektuell orientierten Teil der Bevölkerung ein auch in der Vorkriegszeit ungewöhnlicher Lebensstil: Weltfremdheit und Nichtbeachtung der umdüsterten Realität als Ausdruck des Lebens in einer als »wesentlichere Wirklichkeit« empfundenen Welt der Ideen und Ideale. Bildhauer, Maler, Musiker, Dichter lebten, wenn sie keinem anderen Beruf nachgingen, von der Bewunderung ihrer Freunde und Mitbürger, die ihre Werke kauften, ihre Konzerte und Lesungen besuchten. Man empfand es als Pflicht, Künstler und Dichter zu unterstützen und zu fördern. Man schätzte nicht nur, was durch Verlage bekannt gemacht, durch hohe Auflagen berühmt geworden war: es war der ernste Respekt vor dem Schaffenden und seinen Werken, noch ehe sie veröffentlicht wurden. Als der großartige jiddische Fabeldichter Elieser Steinbarg starb, dessen Fabeln erst nach seinem Tode erschienen (sie sind nur teilweise und mangelhaft ins Deutsche übersetzt – Paul Celan sagte mir, er wage sich nicht als Übersetzer an Steinbarg heran), war die Trauer grenzenlos. Tausende bildeten eine geschlossene Kette und man ging Hand in Hand den meilenlangen Weg zum Friedhof. Nicht die Witwe brach bei der Beerdigung zusammen: Steinbargs Freunde, bekannte jiddische Schriftsteller, Männer reifen Alters, konnten ihre Trauerreden nicht beenden und brachen in Tränen aus.

Czernowitz war eine Stadt von Schwärmern und Anhängern. Es ging ihnen, mit Schopenhauers Worten, »um das Interesse des Denkens, nicht um das Denken des Interesses«. Die orthodoxen Juden waren Anhänger, »Chassidim« des einen oder anderen »heiligen« Rabbi. Die Dinge der praktischen Lebensfürsorge waren ihnen unwichtig. Viele von ihnen hatten keinen Beruf, sie wurden von ihren Frauen erhalten, die stolz darauf waren, einen »Gelehrten« zum Mann zu haben, sie »lernten« ein Leben lang aus den »heiligen Büchern« und lauschten beseligt den weisen Worten ihres Rabbi. Die assimilierten Juden und die gebildeten Deutschen, Ukrainer, Rumänen waren ebenfalls Anhänger: von Philosophen, politischen Denkern, Dichtern, Künstlern, Komponisten oder Mystikern. Karl Kraus hatte in Czernowitz eine große Gemeinde von Bewunderern; man begegnete ihnen, die »Fackel« in der Hand, in den Straßen, Parks, Wäldern und an den Ufern des Pruth. Ein glühender Krausianer, nach dem letzten Krieg Universitätsdozent in New York, zeigte mir einmal ein Heft der »Fackel« mit den Worten: Sehen Sie sich das an, ist das »K« nicht der schönste Buchstabe im Alphabet?« – und er meinte es nicht als Scherz. Eine große Schar bekannte sich zur »Lehre«

des bedeutenden Berliner Philosophen Constantin Brunner, der erst jetzt durch Übersetzungen ins Englische und Französische bekannt zu werden beginnt. In keiner anderen Stadt, auch nicht in seinem Berlin, hatte Brunner so viele ergebene Anhänger wie in Czernowitz. – Hier gab es: Schopenhauerianer, Nietzscheanbeter, Spinozisten, Kantianer, Marxisten, Freudianer. Man schwärmte für Hölderlin, Rilke, Stefan George, Trakl, Else Lasker-Schüler, Thomas Mann, Hesse, Gottfried Benn, Berthold Brecht. Man verschlang die klassischen und modernen Werke der fremdsprachigen, insbesondere der französischen, russischen, englischen und amerikanischen Literatur. Jeder Jünger war von der Mission seines Meisters durchdrungen. Man huldigte selbstlos und mit vehementer Begeisterung. Begeisterung: ein Wort, das die moderne Kritik als »Pathos« oder Sentimentalität ablehnt. In dieser Atmosphäre war ein geistig interessierter Mensch geradezu »gezwungen«, sich mit philosophischen, politischen, literarischen oder Kunstproblemen auseinanderzusetzen oder sich auf einem dieser Gebiete selbst zu betätigen. –

Eine versunkene Stadt. Eine versunkene Welt.

Rose Ausländer
ALLES KANN MOTIV SEIN

Warum ich schreibe?

Weil Wörter mir diktieren: schreib uns. Sie wollen verbunden sein, Verbündete. Wort mit Wort mit Wort. Eine Wortphalanx für, die andere gegen mich. Ins Papierfeld einrücken wollen sie, da soll der Kampf ausgefochten werden. Ich verhalte mich oft skeptisch, will mich ihrer Diktatur nicht unterwerfen, werfe sie in den Wind. Sind sie stärker als er, kommen sie zu mir zurück, rütteln und quälen mich, bis ich nachgebe. So, jetzt laßt mich in Frieden. Aber Wörter sind keine fügsamen Figuren, mit denen man nach Belieben verfahren kann. Ich hätte sie mißverstanden, behaupten sie, sie hätten es anders gemeint. Sie seien nicht auf der richtigen Stelle untergebracht, murren sie. Scheinheilige, die friedfertig und unbewegt auf der weißen Fläche stehen. Das ist Täuschung. Hart sind sie, auch die zartesten. Wir sehen uns an, wir lieben uns. Meine Bäume, meine Sterne, meine Brüder: in diesem Stil rede ich zu ihnen. Sie drehen den Stil um, greifen mich an, zwingen mich, sie hin- und herzuschieben, bis sie glauben, den ihnen gebührenden Platz eingenommen zu haben. Warum schreibe ich? Weil ich, meine Identität suchend, mit mir deutlicher spreche auf dem wortlosen Bogen. Er spannt mich. Ich bin gespannt auf die Wörter, die zu mir kommen wollen. Ich rede mit ihnen zu mir, zu dir, rede dir zu, mich anzuhören. Die Welt stellt mir hinterlistige Fragen. Meine Wörter antworten ihr offenherzig mit Fragen. Geheimschriftlich blättert sich mein Leben ab, Blatt für Blatt: Jahre, die sich Verse auf das undurchdringliche Woher-Wohin? machen. Ich lege Rechenschaft ab, über mich, meine Umgebung, Zustände, Zusammenhänge. Meine Wörter wollen gebucht werden: Soll und Haben. Du sollst uns haben, sagen sie, wenn du uns ins Buch einträgst. Ich sträube mich. Ich *denke* viele Gedichte und Geschichten, schreibe nur einen kleinen Bruchteil davon. Warum? Weil. Erklärungen sind nur ein kleiner Bruchteil der Wahrheit.

Warum schreibe ich? Vielleicht weil ich in Czernowitz zur Welt kam, weil die Welt in Czernowitz zu mir kam. Jene besondere Landschaft. Die besonderen Menschen. Märchen und Mythen lagen in der Luft, man atmete sie ein. Das viersprachige Czernowitz war eine musische Stadt, die viele Künstler, Dichter,

Kunst-, Literatur- und Philosophieliebhaber beherbergte. Sie war die Wahlstadt des großartigen jiddischen Fabeldichters Elieser Steinbarg. Sie hat den bedeutendsten jiddischen Lyriker Itzig Manger und zwei Generationen deutschsprachiger Dichter hervorgebracht. Der jüngste und wichtigste war Paul Celan, der älteste Alfred Margul-Sperber, der 1968, neunundsechzigjährig, in Bukarest starb, ein in Rumänien und in der DDR hochangesehener Lyriker und Übersetzer. Er war mein *Entdecker* und stellte meinen ersten Lyrikband zusammen, der unter dem Titel »Der Regenbogen« 1939 in Czernowitz erschien. Mein frühes Interesse galt der Philosophie. Die Wahlphilosophen Benedikt Spinoza (der sich seinen Lebensunterhalt als Brillenschleifer verdiente) und der große Berliner Denker Constantin Brunner haben meinem Denken ein Fundament gegeben. Eines meiner damaligen Gedichte begann: »Mein Heiliger heißt Benedikt. / Er hat das Weltall / klargeschliffen.« Die später entstandenen Essays über Spinoza, Brunner, Platon (»Phaidros«) und Freud (»Angst«), meine Lyrikmanuskripte, Tagebücher, Briefe sowie die Gesamtauflage des »Regenbogen« sind dem Krieg zum Opfer gefallen.

Mit siebzehn Jahren fing ich an Notizen, Einfälle, Verse in ein Tagebuch einzutragen. Bald stand es für mich fest, daß Lyrik mein Lebenselement war. Jahrelang schrieb ich Gedichte, lyrische Prosa, rhythmische Texte, auch ein paar Märchen. Manches vertraute ich der Schublade an, den Rest schenkte ich dem Papierkorb. Viele Dichter und Schriftsteller waren mir wichtig, aber von Hölderlin und Kafka gingen die nachhaltigsten Impulse aus. Es folgte eine Phase verschiedenartiger Versuche in freien und gebundenen Versen, viele gereimt. Unser Sprachmeister Karl Kraus rühmte den Reim: »Er ist das Ufer, wo sie landen, / sind zwei Gedanken einverstanden.« Auch das Adjektiv spielte noch eine vitale Rolle. Was später über uns hereinbrach, war ungereimt, so alpdruckhaft beklemmend, daß – erst in der Nachwirkung, im nachträglich voll erlittenen Schock – der Reim in die Brüche ging. Blumenworte welkten. Auch viele Eigenschaftswörter waren fragwürdig geworden in einer mechanisierten Welt, die dem »Mann ohne Eigenschaften«, dem entpersönlichten Menschen gehörte. Das alte Vokabular mußte ausgewechselt werden. Die Sterne – ich konnte sie auch aus meiner Nachkriegslyrik nicht entfernen – erschienen in anderer Konstellation.

Czernowitz 1941. Nazis besetzten die Stadt, blieben bis zum Frühjahr 1944. Getto, Elend, Horror, Todestransporte. In jenen

Jahren trafen wir Freunde uns zuweilen heimlich, oft unter Lebensgefahr, um Gedichte zu lesen. Der unerträglichen Realität gegenüber gab es zwei Verhaltensweisen: entweder man gab sich der Verzweiflung preis, oder man übersiedelte in eine andere Wirklichkeit, die geistige. Wir zum Tode verurteilten Juden waren unsagbar trostbedürftig. Und während wir den Tod erwarteten, wohnten manche von uns in Traumworten – unser traumatisches Heim in der Heimatlosigkeit. Schreiben war Leben. Überleben.

»... Auf den flüchtenden Kähnen / löschen die Wimpel den Traum, von den Himmeln ...« – »... daß die unsichtbaren Gestirne aufblühen.« Diese und viele andere Verse las mir ein junger Mann vor, den 1944 ein Freund zu mir brachte: Paul Antschel-Celan. Als Revanche las ich das nächste Mal meine neuentstandenen Gedichte, die er sehr lobte.

Ende 1946. Einwanderung in die USA. Existenzkampf. Umorientierung, Provokation. Die neue Welt der modernen amerikanischen und englischen Literatur war ein frischer erregender Antrieb. Nach mehrjährigem Schweigen überraschte ich mich eines Abends beim Schreiben englischer Lyrik. Einer meiner ersten Englischtexte fing an: »Looking for a final start« (Ich suche einen endgültigen Beginn). Viele jener Gedichte sind in amerikanischen Literaturzeitschriften erschienen, manche hat der Rundfunk WEVD gesendet. Warum schreibe ich seit 1956 wieder deutsch? Mysteriös, wie sie erschienen war, verschwand die englische Muse. Kein äußerer Anlaß bewirkte die Rückkehr zur Muttersprache. Geheimnis des Unterbewußtseins. Erst 1957 machte ich Bekanntschaft mit der deutschen Gegenwartslyrik. Verwandelt tauchte die versunkene Welt wieder empor: in ein anderes Licht. Veraltete Formen waren in den Schatten getreten. Viele dieser modernen deutschen Gedichte wurden für mich von bleibender Bedeutung.

1957. Zwei Wochen in Paris. Paul Celan lud mich mehrere Male zu sich ein, las mir viel Neuentstandenes vor, Gedichte, die später im »Sprachgitter« erschienen sind. Er fragte nach meinen neuen Arbeiten. Zögernd zeigte ich ihm sechs Texte. Er reagierte sofort nach dem Lesen: »›Das unhörbare Herz‹, ›Atlantis‹, ›Ruf und Kristall‹ und ›Eingeschneit‹ sind sehr, sehr, sehr schön. Auch ›Blinder Sommer‹ ist ein gutes Gedicht.« Das sechste gab er mir wortlos zurück. Kurz danach las ich »Mohn und Gedächtnis« und »Von Schwelle zu Schwelle«: ein neues Modell poetischer Evokation. Celans sprachschöpferischer Existentialismus war überzeugend. Der Tod hatte seinen besten Dichter ins Leben gerufen.

Meine bevorzugten Themen? Alles – das Eine und das Einzelne. Kosmisches, Zeitkritik, Landschaften, Sachen, Menschen, Stimmungen, Sprache – alles kann Motiv sein. Im Sinne gesellschaftlicher Zusammengehörigkeit ist meine Lyrik *engagiert*. Aus der Eigenart und Intensität einer Erfahrung, eines Einfalls, ergibt sich die äußere und innere Form des Textes. Oft habe ich mich gefragt, *was* dieses Schreiben eigentlich sei, und habe mir verschiedene Antworten gegeben. Bei der kürzesten bin ich geblieben: Schreiben ist ein Trieb. Der Dichter, der Schriftsteller muß essen, sich bewegen, ruhen denken, fühlen und schreiben – schreiben, was seine Gedanken und Einbildungskraft ihm vorschreiben.

Warum ich schreibe? Ich weiß es nicht.

Jürgen P. Wallmann

ROSE AUSLÄNDER
Materialien zu Leben und Werk

Gelegentlich ist auf gewisse Verwandtschaften zwischen Nelly
Sachs und Rose Ausländer hingewiesen worden: auf Ähnlichkei-
ten in Thematik und Gestus, auf den gemeinsamen Hintergrund
jüdisch-chassidischer Mystik und vor allem auf das Schicksal der
Verfolgung und der Emigration, das beide Dichterinnen verbin-
det. Doch es wäre oberflächlich und auch ungerecht, wollte man
in Rose Ausländer lediglich die jüngere Schwester der Nelly
Sachs sehen und die Eigenständigkeit ihrer Dichtung leugnen.
Daß es mindestens ebensoviele Unterschiede wie Gemeinsam-
keiten gibt, hatte schon Hans Rudolf Hilty festgestellt, als er
1967 in einer Rede u. a. sagte: »Wo bei Nelly Sachs das Gedicht
zum Anruf, zum Zeugnis, zum Gebet wird, ist es bei Rose
Ausländer im ganzen doch um etliche Grade nüchterner, lässi-
ger, gelegentlich auch distanzierter. Den O-Anruf, der bei Nelly
Sachs die Genealogie zum deutschen Expressionismus freilegt,
gibt es bei Rose Ausländer nicht. Wo sich bei Nelly Sachs hinter
dem Fluchtland ein imaginäres Israel auftut, liebt Rose Auslän-
der die poetischen Stenogramme geographisch verifizierbarer
Landschaften...«

Unter diesen Landschaften Rose Ausländers ist an erster Stelle
die Bukowina, das Land der Geburt, zu nennen. Ihm gelten
Gedichte aus allen Perioden ihres Werkes, und noch in den
späten Versen erinnert sie sich an das unwiederbringliche Land
der Kindheit, an die Stadt am Pruth. Die Gedanken gehen »Im-
mer zurück zum Pruth«, zurück in die Zeit, »als die Erde noch
rund war / (nicht eckig wie jetzt)«, und von der es heute, im
verklärenden Rückblick, heißt: »Der Jordan mündete damals in
den Pruth«.

Der Stadt Czernowitz, in der Rose Ausländer am 11. Mai 1907
als Rosalie Scherzer geboren wurde und in der sie, mit Unterbre-
chungen, bis 1946 wohnte, hat die Dichterin u. a. in ihrem Prosa-
text ›Erinnerung an eine Stadt‹ (1965) ein Denkmal gesetzt. Czer-
nowitz war als Hauptstadt des Kronlandes Bukowina Öster-
reich-Ungarn zugehörig, wurde 1918, nach der Zerschlagung des
Habsburgerreiches, Rumänien zugesprochen und gehört seit

dem Ende des Zweiten Weltkriegs zur ukrainischen Republik der Sowjetunion. Die Bevölkerung setzte sich zusammen aus Deutschen, Rumänen, Ukrainern, Polen, und mehr als ein Drittel der etwa 150000 Einwohner waren Juden. Hier mischten sich germanische, slawische, lateinisch-christliche und jüdische Kulturelemente und durchdrangen einander. So gab es in der kleinen Universitätsstadt ein reges kulturelles Leben, das von einem weithin liberalen Bürgertum getragen wurde und an dem auch eine musisch und politisch stark engagierte Jugend teilnahm. Rose Ausländer erinnert sich an lebhafte Diskussionen zwischen philosophischen, religiösen und politischen Enthusiasten und Schwärmern und an hitzige Auseinandersetzungen zwischen den Anhängern verschiedener Philosophen und Dichter. Aus dieser Stadt stammen Schriftsteller wie Itzig Manger, Alfred Gong, Immanuel Weißglas, Gregor von Rezzori, Alfred Margul-Sperber, Alfred Kittner, Paul Celan und eben auch Rose Ausländer.

Ihre Mutter, Käthe Binder aus Czernowitz, hatte die Volksschule besucht und sich später selbst weitergebildet, ihr Interesse galt der hohen Literatur und Dichtung. ›Meine Nachtigall‹ heißt das eindrucksvolle Gedicht, das die Tochter später dem Andenken ihrer 1947 verstorbenen Mutter gewidmet hat. Der Vater, Sigmund Scherzer, wurde in Sadagora geboren, einem kleinen Städtchen bei Czernowitz, das berühmt war durch den dort residierenden »Wunderrabbi« und seinen »Hof« mit zahlreichen Chassiden. Da er seine Eltern früh verloren hatte, wurde Sigmund Scherzer bei seinem Großvater erzogen, der ein ergebener Jünger jenes Rabbi war. So wuchs er in einer Atmosphäre tiefer jüdischer Frömmigkeit auf, lernte schon als Kind Hebräisch, und man erwartete von ihm, daß er die religiöse Tradition der Familie fortsetzen würde. Zur großen Enttäuschung des Großvaters jedoch faßte er im Alter von siebzehn Jahren den Entschluß, Sadagora zu verlassen und nach Czernowitz zu ziehen. Hier lernte er Deutsch, erwarb sich eine fundierte Bildung und wurde Privatbeamter in leitender Stellung. Obwohl Sigmund Scherzer Freidenker geworden war, behielt er manche der jüdischen Gebräuche in seinem Haus bei. Kurz vor dem Ausbruch des Zweiten Weltkriegs ist er in Czernowitz gestorben.

Der ältere Bruder der Dichterin starb bereits im Alter von anderthalb Jahren; er war auf einem Spaziergang mit dem Kindermädchen verunglückt. Der jüngere Bruder Max Scherzer lebt heute mit seinen beiden Kindern in New York.

In Czernowitz hörte Rosalie Scherzer – sie war von 1929 bis

1933 mit Ignaz Ausländer aus Czernowitz verheiratet und behielt seitdem den Namen Rose Ausländer bei – täglich ukrainisch und polnisch, rumänisch und jiddisch, doch in ihrem Elternhaus wurde nur deutsch gesprochen: das Deutsche also ist von Anfang an ihre Muttersprache. Freilich erhielt sie schon als Kind Unterricht bei einem Privatlehrer, der sie hebräisch und jiddisch lesen und schreiben lehrte.

In ihrer Kindheit ist Rose Ausländer von ihren Eltern sehr behütet und verwöhnt worden. Sie erinnert sich, daß sie nicht mit fremden Kindern auf der Straße spielen durfte, nur im Haus mit Kindern von Verwandten und Freunden, von denen man wußte, daß sie »gute Manieren« hatten. Rose Ausländers Schilderungen ihrer Kindheit erinnern lebhaft an die Kindheitserinnerungen der Else Lasker-Schüler; beiden Dichterinnen gemeinsam ist die Erinnerung an das Glück und die tiefe Geborgenheit im Elternhaus, die starke Liebe zur Mutter und die lebenslange Anhänglichkeit an die Heimatstadt: »Ich habe Sehnsucht nach Hause nach unserm Garten und Turm. – Was will die Welt von mir?«, schrieb Else Lasker-Schüler noch 1937, als sie in Deutschland verhöhnt und beschimpft wurde – eben dieselben Worte könnten von Rose Ausländer stammen.

Ihr Vater war, wie erwähnt, Freidenker geworden, die Einstellung im Elternhaus ist als liberal zu bezeichnen. Dennoch wurde, wie in orthodoxen Häusern, koscher gekocht, der Sabbath wurde geheiligt, die wichtigsten jüdischen Feiertage wurden begangen, und am Fest Yom Kippur wurde gefastet. In diesen Traditionen wurzeln die Bilder, die Rose Ausländers Werk bis heute bestimmen. Schon lange ist sie keine religiös-fromme Jüdin im traditionellen Sinne mehr. Aber sie bekennt sich zum Judentum und auch – ohne Zionistin zu sein und ohne den bisweilen kritiklosen Enthusiasmus mancher Israelis für das Land ihrer Väter zu teilen – zu dem kleinen Israel als einer Heimstatt für die bedrängten und verfolgten Juden aus aller Welt. Israel selbst hat sie nur einmal, 1961, für ein paar Wochen besucht, um zu erkunden, ob sich das Land für ihren Bruder zur Auswanderung eignen könnte. Der Reflex dieses Besuchs spiegelt sich Jahre später in dem Gedicht ›Phönix‹:

»Phönix / mein Volk /das verbrannte // auferstanden / unter Zypressen und / Pomeranzen // Honig / von bitteren Bienen // Salomos Lied / die uralte Landschaft / hügelbeflügelt / im Echo / jerusalemneu // Hinter der Tränenwand / die Phönixzeit / brennt«

In Czernowitz besuchte Rose Ausländer die Volksschule, das Lyzeum und für ein Jahr die Universität, wo sie Literatur und Philosophie studierte. Die klassische Literatur war ihr von Kindheit an vertraut, Goethe, Schiller und Heine galten als die größten deutschen Dichter, den ›Rabbi von Bacharach‹ etwa las Sigmund Scherzer seiner Tochter vor. Aber schon früh, im Alter von fünfzehn, sechzehn Jahren, geriet Rose Ausländer unter den Einfluß der Philosophie, und eine Zeitlang bedeuteten ihr die Philosophen mehr als die Dichter. Zusammen mit anderen jungen Leuten, die sich außerhalb von Schule und Universität trafen, bekannte sie sich zu Platon, zu dem Berliner Philosophen Constantin Brunner und zu Spinoza. Insbesondere die Werke des Holländers Baruch (Benedikt) Spinoza (1632–1677), die sie in jungen Jahren studierte, beeindruckten sie nachhaltig. Noch in den späten Gedichten finden sich Spuren der Lektüre des Philosophen, der sich seinen Lebensunterhalt als Brillenschleifer verdient hatte (»Mein Heiliger heißt Benedikt. / Er hat das Weltall / klargeschliffen.«), und in dem Band ›Noch ist Raum‹ (1976) finden sich die Verse: »Der Mensch / ist dem Menschen / ein Gott / sagte Spinoza«. Übrigens hat Rose Ausländer in Czernowitz größere Essays über Spinoza, Brunner, Platon und Freud geschrieben – sie alle sind in den Wirren von Krieg und Nachkrieg verlorengegangen. Erst Mitte bis Ende der zwanziger Jahre entdeckte Rose Ausländer für sich Hölderlin, Kafka, Trakl, Rilke, Else Lasker-Schüler, auch Benn; zu diesen Dichtern, die sie am stärksten, wenn auch nicht beeinflußten, so doch beeindruckten, kam später noch Paul Celan hinzu, den sie zu den größten Lyrikern unserer Epoche zählt.

Rose Ausländer schrieb als junges Mädchen ihre ersten Gedichte fürs Tagebuch, auch lyrische Prosa und Märchen. Zu veröffentlichen begann sie aber erst Ende der zwanziger Jahre, nachdem sie von Alfred Margul-Sperber entdeckt worden war.

An dieser Stelle ist es notwendig, einige Worte über Alfred Margul-Sperber zu sagen, der hierzulande bedauerlicherweise kaum bekannt ist, der sich jedoch bleibende Verdienste um die deutsche Literatur erworben hat. Alfred Margul-Sperber war es, der dem siebenundzwanzigjährigen Paul Celan – dieser war damals ein gänzlich unbekannter junger Autor – im Dezember 1947, als Celan von Bukarest nach Wien reiste, ein Empfehlungsschreiben mitgab. Darin wandte er sich an Otto Basil, den Herausgeber der wichtigen Avantgarde-Zeitschrift ›Plan‹, machte ihn auf Celans Lyrikmanuskript ›Der Sand aus den Urnen‹ aufmerksam und schrieb: »Ohne Ihrem gewiß zuständigen Urteil vorzugreifen, möchte ich Ihnen doch gerne sagen, daß Paul Celan *der* Dichter unserer westöstlichen Landschaft ist, den ich ein halbes Menschenalter von ihr erwartet habe und der diese Gläubigkeit reichlich lohnt.« Er glaube, so schrieb Margul-Sperber weiter, »daß ›Der Sand aus den Urnen‹ das wichtigste deutsche Gedichtbuch dieser letzten Dezennien ist, das einzige lyrische Pendant des Kafkaschen Werkes«.

Der Verfasser dieser ebenso kühnen wie hellsichtigen Sätze gehört zu den bedeutenden deutschsprachigen Dichtern aus Rumänien – unsere gängigen literarischen Nachschlagewerke freilich erwähnen diesen Schriftsteller nicht einmal, und dem breiteren Publikum bei uns ist es vermutlich ohnehin unbekannt, daß es in Rumänien auch heute noch eine große deutschsprachige Volksgruppe mit einer nicht unbeachtlichen Literatur gibt. So ist auch Alfred Margul-Sperber (1898–1967) hierzulande die Wirkung versagt geblieben.

Margul-Sperber war Dichter, Übersetzer – als erster, noch vor Ernst Robert Curtius, hatte er etwa T. S. Eliots ›The Waste Land‹ ins Deutsche übertragen, und Eliot nannte diese deutsche Fassung »admirable« –, er publizierte als Redakteur des ›Czernowitzer Morgenblattes‹ Gedichte, Feuilletons, Satiren, Kritiken, und er stellte in dieser Zeitung neue Dichter vor – darunter Rose Ausländer.

1928 hatte Alfred Margul-Sperber Rose Ausländer durch Freunde kennengelernt, und aus der Bekanntschaft wurde rasch eine Freundschaft, »fast eine Liebe«, wie sich die Dichterin erinnert. Margul-Sperber war von den Gedichten der jungen Frau begeistert, er veröffentlichte sie und schrieb über sie als derselbe uneigennützige Förderer und Vermittler, der er schon für andere Autoren und später auch für Paul Celan war. Bald publizierte Rose Ausländer auch an anderer Stelle, so in der Zeitung ›Der Tag‹ und in der Literaturzeitschrift ›Klingsor‹.

Alfred Margul-Sperber war es auch, der aus den Gedichten Rose Ausländers eine Auswahl traf, einen ersten Band zusammenstellte und einen Verlag für das Buch interessieren konnte. 1939 erschien Rose Ausländers erster Gedichtband unter dem Titel ›Der Regenbogen‹ im Verlag Literaria in Czernowitz. Es ist nicht mehr bekannt, mit welchen Worten Margul-Sperber seinerzeit das Manuskript an den Verlag empfohlen hat. Aus den wenigen erhaltenen Briefen jedoch geht hervor, welche Sorgfalt er auf die Auswahl gewandt hatte und wie wichtig ihm diese Veröffentlichung war.

Als im Sommer 1946, nachdem die Schrecken von Krieg und Verfolgung überstanden waren, in Bukarest eine Lesung Rose Ausländers stattfand – unter den Zuhörern war auch Paul Celan –, da sprach Alfred Margul-Sperber einführende Worte. Aus dieser kleinen Rede sei hier zitiert, nicht zuletzt auch deswegen, weil sie von Gedichten spricht, die heute größtenteils als verschollen gelten müssen und von denen nur noch das Echo – etwa in dieser Rede – geblieben ist:

Hier also die Worte Alfred Margul-Sperbers vom Sommer 1946: »Die Dichterin Rose Scherzer-Ausländer bedarf keiner Einführung mehr bei einem Gedichte liebenden Publikum, dem die Veröffentlichung ihres Versbuches ›Der Regenbogen‹ den vollen Klang ihrer lyrischen Stimme und die kühne Eindringlichkeit ihrer dichterischen Aussage vermittelt hat. Aber weil nun einmal, und wie erst in erbarmungslosen Zeiten gleich den unseren, der Gesang des Dichters leicht übertönt wird vom Röcheln der Not und vom Schrei des Grauens, gilt es die Erinnerung wachzurufen an das Werk dieser schwarzen Sappho unserer östlichen Landschaft.

Ich kenne in der Dichtung der Gegenwart kein schlagenderes Beispiel zur Erhärtung des alten Satzes, daß alles Erhabene und Schöne einfacher Art sei, als das Werk Rose Scherzers. Die Dichter unserer Tage bevorzugen das Ungewöhnliche, Unerhörte, Komplizierte und Differenzierte, das um jeden Preis Neuartige und Überraschende in Idee und Ausdruck, und vergessen allzu leicht, daß die großen Offenbarungen der Schönheit in der Natur – und Dichtung soll ja Natur sein – zu ihrer vollen und tiefen Wirkung durchaus keiner Kommentare bedürfen. Das Gedicht Rose Scherzers aber spricht das Natürlichste, Selbstverständlichste und Menschlichste so aus, daß es neu und zum ersten Male gesagt erscheint. Sie ist den Grundmächten verhaftet, und nicht den Modemächten. Ihre Sprache, klar, ungekünstelt und bündig, folgt der großen Tradition, und Ehrfurcht vor der Sprache bestimmt den Ausdruck. Seine Schlichtheit ist oft erschütternd, und wie tiefe Wirkungen erzielt, welche Ahnungen des Schicksals und der Grunderlebnisse beschwört in einem ihrer Liebesgedichte beispielsweise der Satz ›Und alles wird dann anders sein...!‹ Und dabei stammt ihre dichterische Eigenart durchaus nicht aus Bezirken des Emotionellen oder verdankt ihre Wirkung Mitteln der ästhetischen Bezauberung, also etwa musikalischen oder malerischen Elementen. Es ist eine geistige Landschaft in ihr, die seelisch erschüttert, ein denkendes Herz, das singt. Wie Ophelia, die sirenengleich dunkle, alte Weisen sang, und es klang wie ein Volkslied, so gestaltet Rose Scherzer das ewige Erlebnis des Frauenschicksals in Formen von erschütternder Einfachheit. Denn das Herzstück ihres Werkes ist das Liebesgedicht, und in ihm erschöpft sie auch alle Tiefen und Fernen ihres künstlerischen und menschlichen Erlebnisses. Ihr Liebesruf ist ein Naturlaut, und der Echtheit ihres Bekenntnisses ist nur die Leidenschaftlichkeit ebenbürtig, mit der es ausgesprochen wird. Man übersehe nicht, daß ihr lyrisches Erlebnis aus dunklen Quellen des Elementaren und Dämonischen gespeist wird, und es sind oft gefährliche Spannungen, aus denen sich Rose Scherzer zur Klarheit und Ausgeglichenheit ihres Gedichtes erlöst. Man verkenne auch nicht den Zug der Schwermut, der das Gedicht Rose Scherzers überschattet: ›Nur aus der Trauer Mutterinnigkeit / strömt mir das Vollmaß des Erlebens ein.‹

Es ist die tragische Bestimmung aller Liebenden, das Unmögliche zu wollen: die Dauer des Vergänglichen, und die Flamme zu lieben, die sie verzehrt. Von dieser, wenn man so will, erotischen Grundeinstellung ihres dichterischen Erlebnisses aus ist das Werk Rose Scherzers auch in allen seinen übrigen Aspekten zu erfassen und zu bestimmen. Sie bestimmt ihre Einstellung zum Natur- und Landschaftsgedicht, das überall ein auf das Naturerlebnis projiziertes und in ihm sublimiertes Liebeserlebnis bleibt. In ihr sind auch die Wurzeln ihrer dichterisch gestalteten Traumerlebnisse zu suchen, ihrer Gleichnisse, Visionen und Legenden. Ja, selbst das Gedankengedicht, dessen Vorrat Rose Scherzer um ein paar wirklich dichterisch gestaltete und gültige Stücke dieser sonst in der Lyrik so problematischen Gattung bereichert hat, beruht hier auf Voraussetzungen erotischer Art. Es liegt auf der Hand, daß eine dichterische Natur wie die Rose Scherzers nur auf ihrer eigenen starken Persönlichkeit beruht, den Gesetzen, wonach sie antrat, gehorcht, und sich nur in einer ihrem Temperament gemäßen Art dichterisch ausleben kann. Man darf es aber keinesfalls von ihr erwarten, daß sie sich den Satzungen einer zeitbedingten Literaturströmung, einer Dichterschule oder Koterie, oder selbst den sogenannten ›Forderungen der Zeit‹ verschreibe. Aber wir haben es nicht zu bedauern, daß die Dichtung Rose Scherzers eben nur Dichtung ist, und, dem Wesen und der Form nach, sich nicht unter dem Namen einer land- und zeitläufigen Literaturströmung – Expressionismus, Neue Sachlichkeit oder Surrealismus – einordnen läßt. Denn für die Kunst gilt ganz besonders das Wort Shakespeares: ›Was ist ein Name? Was uns Rose heißt, / wie es auch hieße, würde lieblich duften.‹«

Der Lyrikband ›Der Regenbogen‹, auf den sich Alfred Margul-Sperber bezog, enthielt etwa achtzig Gedichte. Das Buch muß derzeit als verschollen gelten, die Auflage wurde im Kriege vernichtet, der Verleger ist nach Kriegsende von den Sowjets nach Sibirien deportiert worden. Die Autorin besitzt nicht ein einziges Exemplar mehr. Immerhin blieben einige wenige Texte in Abschriften erhalten, und so seien wenigstens zwei von ihnen, die Ende der zwanziger oder Anfang der dreißiger Jahre entstanden, hier veröffentlicht: ein Liebesgedicht, das in seiner Gefühlsintensität an Verse Else Lasker-Schülers erinnern mag, und ein Gedicht auf Elieser Steinbarg.

DES GELIEBTEN NÄCHTE

Des Geliebten Nächte zu entzünden,
Will ich augenspendend still erblinden.

Des Geliebten Atem zu umkosen
Wandelt sich mein Blut in tausend Rosen.

Des Geliebten Liebe zu erhalten
Möcht ich mich in tausend Frauen spalten,

Daß er tausendfach nur mich begehre,
Alle liebend nur mir angehöre.

DICHTERBILDNIS

In memoriam Elieser Steinbarg

Es starb ein Schöpfer, und die Dinge sind,
Was sie vor ihm gewesen, Dinge.
Ein Vater starb, es starb ein Kind.
Es trauern die verwaisten Schmetterlinge.

Gott schuf die Welt. Er hat sie uns gegeben
Als einen Acker, roh und unbestellt.
Da kam der Dichter und erschuf das Leben,
Und nun erst sahn und fühlten wir die Welt.

Er stand auf einer kleinen Spanne Zeit
– Rings wogten Sterne, Meere, Felder, Fluren –
Und gab der wesenlosen Wirklichkeit
Die Sprache schöpferischer Kreaturen.

Ein Fabelreich entstand – es wurde Licht,
Das riß den trägen Kloß von seinem Ort,
Und formte draus ein flammendes Gesicht,
Und lieh ihm Gottes Ebenlaut: das Wort.

Der Dichter starb, der Stein war wieder Stein.
Sein Atem brach – wir wurden wieder blind.
Die Dinge schließen sich – wir sind allein.
Ein Schöpfer starb. Es starb ein Kind.

Erhalten haben sich einige Reaktionen auf den Gedichtband ›Der Regenbogen‹. So bedankte sich etwa Hans Carossa im Januar 1940 mit einem eigenen Buch und einer Widmung für die Zusendung, und Arnold Zweig schrieb im Juni 1940 aus Haifa u. a.: »... wäre die Zeit nicht so ungünstig für alle Arten von Lyrik, ich hätte Ihnen längst für Ihren ›Regenbogen‹ gedankt, zumal mein erstes Prosabuch nach dem Ersten Weltkrieg auch so benannt war. Ich finde Sie sehr begabt, es ist wunderbar ablenkend, sich in Ihrem Versgarten zu ergehen. Manch alter Wiener Klang ist zu spüren, und wenn wir erst im Winter die Spannung hinter uns haben, die uns jetzt festhält, komme ich auf Ihre Gedichte nochmals zurück – worauf Sie sich verlassen können, falls nicht mal eine italienische Bombe auf meinen Schreibtisch regnet. Inzwischen herzlichen Glückwunsch und Dank!«

In Deutschland und Österreich wurde der Gedichtband der Jüdin aus Czernowitz 1939 natürlich nicht mehr zur Kenntnis genommen. Aber die Kritik in Rumänien und in der Schweiz hatte bemerkt, daß sich hier ein lyrisches Talent zu Wort gemeldet hatte, das mehr als nur Achtung und freundliche Anerkennung verdiente. So veröffentlichte die ›Allgemeine Zeitung‹ in Czernowitz am 20. 4. 1940 eine ausführliche Rezension des Buches (auf derselben Zeitungsseite übrigens, gleich unter der Buchbesprechung, liest man den fettgedruckten Aufruf »Zeichnung der Rüstungsbons – heiligste Bürgerpflicht!«). In ihrer Rezension schreibt Martha Kern:

»... In ihrer ureigensten Gestalt tritt uns jedoch Rose Ausländer entgegen, da sie in ihr eigenes Herz taucht und aus den Wunden einer großen Liebe die roten Rosen holt, die den tragi-

schen Hauch einer einmaligen Leidenschaft atmen. Vom ungläu-
bigen Tasten und Staunen der ersten Begegnung in ›weißer Ein-
samkeit‹ zum Jubelruf der vollkommenen Hingabe, da ›sieben
Himmel mit Sternen und Regenbogen nicht zuviel sind‹ und ›der
Liebe rote Beeren‹ zum Symbol einer mystischen Verschmel-
zung werden, führt uns eine Folge von Sonetten zum Abschluß.

> ›Es kamen Winde und verwirrten Dich
> Da kamen Falter und entführten Dich
> Und ließen mich im Stoppelfeld zurück.‹

Die Frage ›Was fängst Du jetzt noch an mit Deinen Tagen‹ geht
durch jedes Herz. Auch die Reihe ›Des Geliebten Nächte zu
entzünden‹ trägt den Stempel echter Weiblichkeit. Die Verse

> ›Des Geliebten Liebe zu erhalten,
> Möcht ich mich in tausend Frauen spalten,
>
> Daß er tausendfach nur mich begehre,
> Alle liebend nur mir angehöre.‹

können nur von einer Frau geschrieben sein.
  Unrecht wäre es, diese Besprechung abzuschließen, ohne der
beiden originellen Dichterbildnisse Erwähnung zu tun, die Rose
Scherzer-Ausländers Talent von einer neuen Seite zeigen. Beson-
ders geglückt ist die Nachzeichnung von Elieser Steinbarg, des-
sen geniale Fülle, die naive Vertrautheit mit Stern und Stein
wunderbar erfaßt ist. Die Worte ›Ein Vater starb, es starb ein
Kind‹ umfassen eigentlich alles, was das Werk dieses außeror-
dentlichen Geistes kennzeichnet. Aber auch der Dämonie des
jiddischen Balladendichters Manger wird sie gerecht. Seine zwie-
spältige Natur, die Gott und Tier in einer Gestalt vereint, bannt
sie in das eindrucksvolle Bild, da der Dichter nach einer durch-
zechten Nacht ›den Mond im Arm verzückt nach Hause strömt‹.
  In starken, vollen Akkorden klingt die Melodie der Welt aus
den Versen dieser Frau auf. Ihre Lieder ›Die goldenen Vögel‹
bringen unserem grauen Dasein Glanz und Farbe, Sinn und
Trost.«
  Man mag argwöhnen, daß bei dieser enthusiastischen Bespre-
chung möglicherweise ein wenig Lokalpatriotismus im Spiel
war, positive Voreingenommenheit der Rezensentin gegenüber
einer Dichterin aus der eigenen Stadt. Dieses Bedenken entfällt
bei dem Kritiker aus der Schweiz, der Rose Ausländers ersten

Gedichtband am 17. 3. 1940 im Berner ›Bund‹ vorstellte. In der unter den Initialen R. O. veröffentlichten Besprechung heißt es: »Eine Wunderwelt, in der Traum und Wirklichkeit ineinander fließen, öffnet sich dem Leser dieser in deutscher Sprache gestalteten Gedichte. Da lebt das Unbelebte und erstarrt das Lebende, da rauschen die Himmel wie Meere und strahlen die Wasser wie klare Luft, die Nächte leiden und jubeln wie dunkle, leidenschaftliche Frauen, die Sterne sind Tränen des Schmerzes oder der Wollust, Blumen des Tages beginnen zu klingen, Räume der Menschen weiten und schließen sich wie Blumenkelche am Morgen oder Abend. Zum Getier wird die Landschaft, zu bunten Wesen Haus, Baum und Gasse, die Seele nimmt Gestalt an, und der Leib schwebt unbeschwert durch seelische Himmel. Die Liebesgedichte des Werkes unter den Titeln ›Rausch des Herzens‹ und ›Des Geliebten Nächte zu entzünden‹ erinnern in der leidenschaftlichen Bildhaftigkeit der lodernden Gefühle stark an das unvergleichliche ›Hohe Lied‹ des Königs Salomon.

Der Grundton der rumänischen Dichtung, eine sehnsuchtsgeschwängerte, farbensatte Lyrik, die in der Volksdichtung vorherrscht, bringt auch diese deutschen Verse zum eigentlichen, so seltsamen Erklingen; man denkt unwillkürlich an den rumänischen Gedankenlyriker Blaga, an die Dichter Pllat und Arghezi. Auch Erinnerungen an die bildende Kunst Rumäniens tauchen auf, haben doch viele der Gedichte Rose Scherzer-Ausländers die eigenartige klangliche Färbung, welche in den Bildern Stefan Luchians, des Begründers der modernen rumänischen Malerei, jedem sichtbar wird. In festlicher Stunde, wenn das Herz traumselig ist, wird man zu diesem Gedichtband greifen.«

In seinem Aufsatz ›Die Zeit der Todesfuge‹ (›Akzente‹, 1972), in der er den Anfängen Paul Celans nachgeht, hat Heinrich Stiehler vier Zeilen aus Rose Ausländers Gedichtband von 1939 zitiert: »Nur aus der Trauer Mutterinnigkeit / Strömt mir das Vollmaß des Erlebens ein. / Sie speist mich eine lange, trübe Zeit / Mit schwarzer Milch und schwarzem Wermutwein.« Diese Zeilen, Jahre vor der nachmals so berühmten ›Todesfuge‹ geschrieben, waren vergessen, als es Ende der fünfziger, Anfang der sechziger Jahre jene Celan so unverhältnismäßig bedrückenden Diskussionen um seine angebliche Abhängigkeit von anderen Lyrikern gab. Es wären jedoch, sagte kürzlich Hans Bender, dabei keine Abhängigkeiten oder gar ein Plagiat Celans nachzuweisen gewesen, »sondern die Gleichgestimmtheit jener Lyrik aus Czernowitz, der Einfluß jüdischen Kulturgutes, der Bibel, des Chassidismus; und sicher auch surrealistischer Programme, die damals schon in den Südosten Europas gedrungen waren. Die vier Zeilen sagen aber auch, wie Rose Ausländer begonnen und wohin sie sich entwickelt hat.«

Im Jahre 1944 hatte Rose Ausländer den jungen Paul Antschel, der seinen Namen später in einem Anagramm in Celan änderte, in Czernowitz kennengelernt. Celan las ihr seine ersten Gedichte vor, die sie sehr beeindruckten, und Rose Ausländer nimmt mit einem gewissen Recht für sich in Anspruch, diesen Lyriker entdeckt zu haben. »Niemand hatte rechtes Verständnis für seine originellen Gedichte mit den besonderen, eigenen Metaphern«, erinnert sie sich heute im Gespräch. »Ich war von ihnen begeistert und warb für ihn unter Freunden und Bekannten.« Auch sie las Celan ihre Arbeiten vor und fand damit Anerkennung bei dem jungen Dichter.

1957 hat Rose Ausländer Paul Celan mehrfach in Paris besucht, wobei ihr Celan Gedichte vorlas, die später in der Sammlung ›Sprachgitter‹ erschienen, ferner seine Übersetzung des ›Bateau ivre‹ von Rimbaud. »Das habe ich in Trance geschrieben«, sagte er damals. Einige ihrer neuen Gedichte, die sie ihm zeigte, nannte er »sehr schön«, und noch aus Briefen aus Celans letzten Lebensjahren geht hervor, wie sehr der als Leser höchst anspruchsvolle und kritische Paul Celan die Freundin aus Czernowitz und ihre Poesie geschätzt hat, die doch so weit entfernt war von seiner eigenen, zunehmend kryptischer und hermetischer gewordenen Dichtung.

»Sie kamen / mit scharfen Fahnen und Pistolen / schossen alle Sterne und den Mond ab / damit kein Licht uns bliebe / damit kein Licht uns liebe...«, heißt es in einem der späteren Gedichte, in denen Rose Ausländer versuchte, die Schrecken der Verfolgung ins Wort zu bannen. Von 1941 bis 1944 war Czernowitz in deutscher Hand, und vor allem die jüdische Bevölkerung war schlimmster Drangsal ausgesetzt. Die Dichterin mußte, wie alle Juden, den als Schandmal gemeinten gelben Stern tragen, ihre Nachbarn und Freunde wurden verschleppt, und sie hielt sich mit ihrer kranken Mutter in Kellerverstecken verborgen. Hatte sie sich bis 1941 vom Erlös aus Privatunterricht in Englisch ernährt, so bestritt sie in den folgenden Jahren ihren Lebensunterhalt notdürftig durch den Verkauf von Kleidung und von kostbarem Familienschmuck, den sie weit unter Wert abgeben mußte. Anhänger aus Bukarest, wo Rose Ausländer 1940 gelebt hatte, ließen ihr hin und wieder eine kleine finanzielle Unterstützung zukommen.

Bei Kriegsende gehörte Rose Ausländer zu den etwa fünf- bis sechstausend von ursprünglich sechzigtausend Juden aus Czernowitz, die das Mordregime der Nazis überlebt hatten. Viele ihrer Freunde und Verwandten waren umgekommen, der Besitz der Familie war fast völlig aufgebraucht, und beinahe alle Dokumente, Briefe, Tagebücher und Manuskripte waren verlorengegangen. Nur mit Bitterkeit erinnert sich die Dichterin heute daran, daß die ersehnte Befreiung durch die sowjetischen Truppen neues Leid und neues Unrecht brachte. Darum nahm sie, als ihr Freunde in Amerika die nötigen Papiere schickten, das Angebot an und emigrierte im September 1946 in die USA.

Abgesehen von einer längeren Europa-Reise 1957/58 lebte Rose Ausländer bis 1963 in New York, wo sie für verschiedene Firmen in Büros arbeitete. In den letzten zwölf Jahren ihres USA-Aufenthaltes war sie Sekretärin, Korrespondentin und Übersetzerin für Deutsch bei einer großen Speditionsfirma. Von »Stunden aus unsterblicher Langeweile / im Büro« ist in den Gedichten des Bandes ›Blinder Sommer‹ später die Rede, und in einer lyrischen Prosa aus derselben Sammlung heißt es: »In der Achtstundenmühle mahlst du das Mehl des täglichen Brots: Litanei getippter Geschäfte und Kalkulationen. Pausenlos raunen die Sekunden im Blutgewebe.« Immer hat sich Rose Ausländer in den Vereinigten Staaten, deren Bürgerin sie dem Paß nach übrigens noch heute ist, als Fremde empfunden, und das Exil wurde ihr nicht zur neuen Heimat. Schwer war für sie die Anpassung an einen anderen Lebensstil, an die fremde Sprache, an die harten Arbeitsbedingungen und an die Hektik der Stadt New York.

Auch in den USA schrieb Rose Ausländer weiter, und die ›New Yorker Staatszeitung und Herold‹ und die Wochenzeitung ›Aufbau‹ druckten Gedichte und Rezensionen von ihr; Lyrik der Emigrantin wurde im New Yorker Rundfunk ausgestrahlt. Auch die bedeutende amerikanische Dichterin Marianne Moore, die 1972 im Alter von 84 Jahren in New York gestorben ist – eine deutsche Auswahl ihrer Gedichte erschien, mit einer Einleitung von T. S. Eliot, im Jahre 1954 –, wurde auf Rose Ausländer aufmerksam. Bei einer Schriftsteller-Konferenz im Wagner College, Staten Island, N. Y., erkannte sie ihr für das deutsch geschriebene Gedicht ›Ostern‹ einen Ehrenpreis zu und sagte: »Rose Ausländer hat eine Begabung für Wortfindungen, eine

Neigung zur Verehrung, die synonym ist mit Ehrerbietung, poetische Sensibilität und Tiefe.«

Als Rose Ausländer übrigens 1968 noch einmal in den USA zu Gast war und im Österreichischen Kulturinstitut neue Gedichte las, fand sie eine große und aufmerksame Zuhörerschaft; die ›Staats-Zeitung‹ berichtete am 9. 11. 1968 über die Veranstaltung und schrieb, Rose Ausländer erfreue sich »auch in New York eines treuen Leserkreises«.

Aber Rose Ausländer schrieb in Amerika nicht nur deutsche Gedichte und Übersetzungen – sie übertrug Verse Else Lasker-Schülers und des Polen Adam Mickiewicz (1798–1855) ins Englische –, sondern sie dichtete, etwa 1954/55, eine Zeitlang auch in englischer Sprache. Einige der Gedichte aus jener Zeit wurden in amerikanischen Literaturzeitschriften veröffentlicht und im Rundfunk gesendet. Zwei der englischen Gedichte Rose Ausländers seien, als Beispiele für diesen bei uns noch nicht bekannten Teil des Werks der Dichterin, hier veröffentlicht: ›The Door‹ und ›Seascape‹. Eine von Rose Ausländer selbst geschaffene deutsche Übersetzung von ›The Door‹ findet sich in dem Band ›Blinder Sommer‹; ein Vergleich des englischen Textes mit dem deutschen zeigt deutlich Abweichungen, so daß man beim deutschen Gedicht nicht von einer bloßen Übersetzung, sondern von einer anderen Version sprechen muß.

THE DOOR

For Marianne Moore

The door.
Not the thing of wood.
The door open to doors.
Open to open doors
to open roads of the grove.

The grove,
Not the trees of wood.
The grove of breathing trees
trees breathing green breathing growth
breading brotherly touch of air
air thrilling the breath
air entering the door.

The door.
Not the thing of wood!

DIE TÜR

Für Marianne Moore

Die Tür
nicht das Ding aus Holz
Die Tür
offen zu offnen Türen
zu offnen Wegen
zum Wald

Der Wald
nicht Bäume aus Holz
Der Wald aus atmenden Bäumen
Bäume aus atmendem Grün
Bruderberührung der Luft
Luft geatmet
in die offne Tür

Die Tür
nicht das Ding aus Holz

SEASCAPE

As if each rock and stone
could breath like whale and eel.
As if the vivid shore
became a human being.

The gulls cry weeks of east
against the brillant sphere.
Ships washed by waterhands
lie in the beds of piers.

Feathers of cloudbirds tickle
the satin skin of the sea
the bulging thigh of the sky
Narzissus' I-loved face.

Dead shells dried from the roar
of wet time wake and laze.
Brassiers of silk white froth
veil the breast of waves.

The golddust beaches look like
lakes filled with fleshy fish.
As if the sun sat fishing
and caught them in his mesh.

Als Rose Ausländer 1963 die USA verließ und über Wien nach
Deutschland kam, ist sie nicht eigentlich nach Deutschland, son-
dern in ihre Muttersprache heimgekehrt, die sie in Amerika
entbehrt hatte. (Nebenbei: Auch ihr Landsmann Paul Celan
hatte in den sechziger Jahren gesprächsweise seinen Plan er-
wähnt, aus Paris in eine deutschsprachige Großstadt, nach Berlin
oder nach Wien, umzuziehen; auch ihm ging es, wie er sagte, bei
diesem dann doch nicht realisierten Plan um eine deutschsprachi-
ge Umgebung für sich und seinen Sohn.) Die Sprache freilich, in
die Rose Ausländer heimkehrte, hatte sich verändert, und auch
ihre eigene Dichtungssprache wandelte sich: einmal unter dem
Eindruck der deutschen Gegenwartslyrik, die sie Ende der fünf-
ziger Jahre genauer kennengelernt hatte, vor allem aber auch
infolge der Erlebnisse der Vergangenheit, die nun auch thema-
tisch ihr Werk stärker zu bestimmen begannen. »Was später über
uns hereinbrach«, schrieb sie im Rückblick 1971 in dem kleinen
Aufsatz ›Alles kann Motiv sein‹, »war ungereimt, so alpdruck-
haft beklemmend, daß – erst in der Nachwirkung, im nachträg-
lich voll erlittenen Schock – der Reim in die Brüche ging. Blu-
menworte welkten. Auch viele Eigenschaftswörter waren frag-
würdig geworden in einer mechanisierten Welt, die dem ›Mann
ohne Eigenschaften‹, dem entpersönlichten Menschen gehörte.
Das alte Vokabular mußte ausgewechselt werden. Die Sterne
– ich konnte sie auch aus meiner Nachkriegslyrik nicht entfer-
nen – erschienen in anderer Konstellation.«

1965, mehr als ein Vierteljahrhundert nach ihrem lyrischen
Debüt ›Der Regenbogen‹, veröffentlichte die Dichterin, diesmal
noch unter dem Namen Rose Scherzer-Ausländer, ihren zweiten
Gedichtband, ›Blinder Sommer‹, im Bergland Verlag in Wien.
Die Gedichte des Bandes, die in ihren Bildern teilweise noch eine
gewisse Affinität zum Spätsurrealismus aufweisen, sind in drei
Gruppen gegliedert.

Im ersten Teil ist das Thema der Exilserfahrung vorherr-
schend: einmal in Szenen aus New York, dann auch in allgemei-
neren Reflexionen über das Leiden an der Kälte der Zeit, der
Unwirtlichkeit (»das Janusgesicht unserer Epoche / grinst«), der
Einsamkeit. Geplagt von Alpträumen wird das Gestern sehn-

süchtig erinnert: »Du suchst das verlorene Eden / stolperst über Grabhügel / den Eingang bewachen Stahlengel / in nackten Ästen nisten gefrorene Vögel«.

Reise-Erfahrungen und Südeuropa-Reminiszenzen dominieren im zweiten Teil, ins Wort gerufen werden reale Länder und Landschaften der Imagination, Wirklichkeiten der Geographie und glückliche Regionen des Traums: »Das plötzliche Land / duftet nach Zeder und Zimt // Frei von Heimat und / gewohnten Worten / ersteht es blindlings aus / dem Duft der Ahnung // Die Lenden seiner Küsten / sind anfangsblau / seine Firne sonnenblond / seine Städte allfarben...«

Den Abschluß bilden dann, unter der Überschrift ›Das Dorf Duminika‹, Erinnerungen an die Kindheit und die Eltern, an die Bukowina und die Chagall-Welt der Chassidim von Sadagora, an die Kindheitsspiele am Pruth – und an die Zeit des Schreckens, als die »Hände / ziegelrot vom Blut / der Ermordeten« waren.

Der Gedichtband ›Blinder Sommer‹ fand bei der Kritik eine gewisse Beachtung, und in einer Rezension stellte Herbert Andreas schon früh einige der Eigenarten der Lyrik von Rose Ausländer fest: Die Gedichte der Emigrationszeit seien von Ortlosigkeit und Bodenlosigkeit der Existenz gezeichnet, »ohne daß die Autorin (wie Nelly Sachs oder Hilde Domin) allein ins Wort emigriert wäre, alle Gegenständlichkeit in Transparenz aufgelöst hätte. So behält das Gedicht der Rose Ausländer einen Rest Epik und Prosa, Deskription und Stimmung. Die Verwandlung in Sprache dringt nicht in den innersten Kern, sondern verweilt oft in der Metapher...«

Dennoch kann keine Rede davon sein, daß Rose Ausländer mit diesem Band in Deutschland bekannt geworden wäre. Erst die späteren Publikationen festigten das Bild der Dichterin im Bewußtsein und trugen ihr wenigstens einen Teil der Anerkennung ein, die ihr gebührt und auf die sie so lange hat warten müssen.

Nach ›Blinder Sommer‹ (1965) erschienen von Rose Ausländer folgende Bücher: ›36 Gerechte‹ (Gedichte, Hamburg 1967; 2. Auflage Duisburg 1975); ›Inventar‹ (Gedichte, mit Siebdrucken von Otto Piene, Duisburg 1972); ›Andere Zeichen‹ (Gedichte, Nachwort von Marie Luise Kaschnitz, Düsseldorf 1974); ›Ohne Visum‹ (Poesie und kleine Prosa, Düsseldorf und Krefeld 1974); ›Gesammelte Gedichte‹ (Leverkusen 1976, 2. erweiterte Auflage Köln 1977); ›Noch ist Raum‹ (Gedichte, Nachwort von Hans Bender, Duisburg 1976); ›Selected Poems‹, ins Englische übertragen von Ewald Osers (London 1977); ›Doppelspiel‹

(Köln 1977); ›Es ist alles anders‹ (Ausgewählte Gedichte, mit Graphiken von Paul Breinig, Pfaffenweiler 1977).

Inzwischen ist Rose Ausländer für ihr Werk, das auch durch Veröffentlichungen in Anthologien, Zeitschriften und im Rundfunk eine gewisse Publizität gefunden hat, mehrfach ausgezeichnet worden: 1965 hatte bei einer Lesung in Meersburg das Publikum aus den Texten mehrerer Lyrikerinnen Rose Ausländers Gedicht ›Dezember‹ als »bestes Gedicht« gewählt (eine überarbeitete Fassung erschien dann unter dem Titel ›Schnee im Dezember‹ in ›36 Gerechte‹); 1966 erhielt sie für das Manuskript des Lyrikbandes ›36 Gerechte‹ den Silbernen Heine-Taler des Verlages Hoffmann und Campe; 1967 wurde ihr, nachdem in den Jahren davor Erika Burkart, Nelly Sachs und Christine Busta ausgezeichnet worden waren, der Meersburger Droste-Preis für Dichterinnen verliehen; anläßlich ihres 70. Geburtstages wurde ihr 1977 der Ida-Dehmel Preis des »Verbandes der Gemeinschaften der Künstlerinnen und Kunstfreunde« zuerkannt; und schließlich erhielt sie, ebenfalls 1977, zusammen mit Reiner Kunze den Andreas-Gryphius-Preis der Künstlergilde Esslingen. Rose Ausländer ist seit 1968 Mitglied des Internationalen P. E. N.-Clubs, seit 1972 Ehrenmitglied des Verbandes Deutscher Schriftsteller in der Industriegewerkschaft Druck und Papier in Nordrhein-Westfalen und seit 1973 Ehrenmitglied des Bodensee-Klubs.

Ohne diese Ehrungen gering zu schätzen, muß doch festgestellt werden, daß die großen, renommierten Literaturpreise dieses Landes und auch Österreichs – und in der österreichischen Monarchie wurde sie ja geboren – bisher an ihr vorbeigegangen sind. Daß sie und ihr Werk solcher Preise nicht würdig wären, wird mit Gründen niemand behaupten können. Eher dürfte es daran liegen, daß diese Lyrikerin – und Lyriker haben es ja ohnehin schwerer als Prosaautoren und Dramatiker, die Aufmerksamkeit der Öffentlichkeit auf ihren Arbeiten zu lenken – wohl Freunde und Bewunderer hat, aber keine Lobby auf dem literarischen Markt; und daß sie außerstande ist, sich am Literaturbetrieb zu beteiligen und tatkräftig ihr eigenes Management zu betreiben.

1963 verließ Rose Ausländer die USA, hielt sich fast ein Jahr bei ihrem Bruder in Wien auf, dessen Frau dort starb, und ging noch einmal nach New York zurück, ehe sie sich 1965 in Düsseldorf niederließ, weil hier einige Freunde aus Czernowitz lebten. Anfangs wohnte sie in einem bescheidenen Zimmer zur Miete, seit 1972 lebt sie als Rentnerin in einem kleinen Appartement des

Nelly-Sachs-Hauses, des jüdischen Altersheims am Nordpark. Reiste sie in früheren Jahren noch mehrfach zu Tagungen und Lesungen, wo sie stets aufmerksame Zuhörer fand, so kann sie heute, seit 1973 schwer krank und meist bettlägerig, ihr Zimmer 419 im 4. Stock des Nelly-Sachs-Hauses kaum noch verlassen. Hier lebt in bescheidenen Verhältnissen die Dichterin Rose Ausländer, schreibend in den meist schlaflosen Nächten: Gedichte und immer wieder Briefe an die Freunde und an die Leser, die sich an sie wenden und ihr davon berichten, was ihnen die Gedichte Rose Ausländers bedeuten.

»Meine bevorzugten Themen«, sagt sie im Gespräch, »vorwiegend in ›36 Gerechte‹, waren: Verfolgung, Exil, Fremde. Dazu gesellten sich, zumal in meinen späteren Gedichten: der Mensch, das Du, das Wort, die Welt (Erde), die Zeit im Sinne der Dauer und unserer Zeit als Epoche. Meine bevorzugten Worte: Traum, Sterne, Wort, Atem, Luft.« Der Band ›36 Gerechte‹ enthält auch wieder Szenen aus der amerikanischen Wirklichkeit, auch Porträts, Reise-Impressionen, Naturbilder. Doch im Vordergrund stehen in diesem Band – das Titelgedicht basiert auf der jüdischen Legende, derzufolge 36 unbekannte Gerechte die Welt im Gleichgewicht halten – die Erinnerung an die Herkunft, an die Schrecken der Verfolgung, die Klage um die toten Freunde: »Sie haben dich begraben / im Feuer // Ich halte den Gedanken / deiner Asche / im Blutgefäß / das rastlos zum Herzen führt / deinen Namen«. Nur mit großer Verwunderung, noch ungläubig, wird die Rettung aus dem Untergang erlebt: »Wenn der Tisch nach Brot duftet / Erdbeeren der Wein Kristall / denk an den Raum aus Rauch / Rauch ohne Gestalt // Noch nicht abgestreift / das Ghettokleid // sitzen wir um den duftenden Tisch / verwundert / daß wir hier sitzen«.

Die Bilder, Metaphern, Parabeln und Traumvisionen dieser Gedichte sind nicht schwer auszudeuten: Sie sind Sinnbilder des Grauens, Versuche, ins dichterische Wort zu bannen, was sich direkter Schilderung und Aussage entzieht. Doch noch hinter den Chiffren wird eine finstere, eine tödliche Realität erkennbar. Es ist nicht verwunderlich, daß hinter solchen Gedichten andere zurückbleiben müssen, aus denen sich das Ich weitgehend zurückgezogen hat und in denen etwa, ähnlich wie bei Erich Fried, hintergründige Wortspiele in Gang gesetzt werden, wobei sich dann aus den Variationen und Bedeutungsverschiebungen neue Erkenntnisse ergeben sollen.

Mit der Sammlung ›36 Gerechte‹ fand Rose Ausländer erstmals

eine größere Öffentlichkeit, die Kritik wurde auf die Dichterin aufmerksam. Von den Stimmen, die auf die Bedeutung Rose Ausländers hinwiesen, sei hier nur Barbara Bondy zitiert, die 1967 schrieb: »Diese Lyrikerin, in Deutschland noch weitgehend unbekannt, könnte manche, die verlernt haben, heute Gedichte zu lesen, wieder zum Gedicht verführen: Frei von Schwäche oder Sentimentalität, im Verzicht auf gewaltsame Verrätselung, spricht Rose Ausländer nicht monologisch, sie will den Dialog, sie stellt sich, sucht den Leser. Ihre Sprachbegabung ist zeitlos und kräftig, verfällt nur selten schwachen Modernismen, das lyrische Ich hat nicht kapituliert, es nutzt mutig die Gnade des Sprechenkönnens, erreicht in den besten Gedichten mit präzisen Metaphern die eigene Wahrheit.«

Auf den epischen Zug in der Lyrik Rose Ausländers war schon in Rezensionen zu ›Blinder Sommer‹ hingewiesen worden. Später wurde dann, etwa von Franz Norbert Mennemeier, festgestellt, daß es kein Bruch, kein Sprung von der einen zur anderen Gattung sei, wenn in die Gedichtbände auch kleine Prosaetüden und -skizzen aufgenommen worden seien. Auf die Frage nun, warum sie nur so selten Prosa schreibe und sich fast ausschließlich der Lyrik widme, sagt Rose Ausländer: »*Ich* widme mich nicht der Lyrik, *sie* widmet sich mir. Ich schreibe nicht aus Freude am Schreiben (ich bin träge, wehre mich oft dagegen, leide darunter), sondern weil etwas Unerklärliches in mir mich quält und mir keine Ruhe läßt, bis ich, was mir einfällt, zu Papier bringe. Manchmal, sehr selten, besucht mich ›die Muse‹ – das Schreibbedürfnis – in Form von Prosa und diktiert mir etwas.«

Gerade in ihren späten Gedichten setzt sich Rose Ausländer mit dem Wort, der Sprache auseinander. »Ich will wohnen / im Menschenwort«, heißt es einmal, und an anderer Stelle: »Mutter Sprache / setzt mich zusammen«. Und damit ist gesagt, daß es das Wort, die Sprache ist, die zur eigentlichen Heimat der heimatlos gemachten Dichterin geworden ist, ja, daß erst eigentlich das Gedicht sie selbst erschafft, ihre Existenz begründet: »Wenn ich verzweifelt bin / schreib ich Gedichte // Bin ich fröhlich / schreiben sich Gedichte / in mich // Wer bin ich /wenn ich nicht / schreibe.«

Auf die Frage, was Schreiben eigentlich sei, hat sie (in dem Text ›Alles kann Motiv sein‹) geantwortet: ein Trieb; der Dichter müsse essen, sich bewegen, ruhen, denken, fühlen und schreiben – »schreiben, was seine Gedanken und Einbildungskraft ihm vorschreiben«. Und im Gespräch sagt sie, gefragt, was denn

Poesie ihrer Ansicht nach sei, darauf habe sie jedesmal eine andere Antwort gegeben – vielleicht, weil Poesie und Kunst sich nicht definieren ließen, nur umschreiben, andeuten: »Was mir jetzt dazu einfällt?: Dichten als schöpferischer Trieb, Impuls, der das sprachliche Gestalten von Gedanken und Gefühlen auslöst. Seine Erfahrungen und Erlebnisse verdichten sich im Lyriker zu Worten, zu konzentrierten Gebilden aus Wörtern über alles, was ihn bewegt: seine Beziehung zum Menschen, zur Welt, zu Dingen, zur Zeit, zur Sprache, zu Kosmischem.«

Nicht zu Unrecht hat Franz Norbert Mennemeier konstatiert, daß Rose Ausländer mit ihrer Auffassung von der Inspiration als einem vorzugsweise irrationalen Prozeß auf dem Boden einer spätromantischen Poetik stehe; doch er räumt ein, diese Einstellung zum Gedicht habe im Falle der Rose Ausländer »noch einmal die Möglichkeit eines sprachlich ungemein geschmeidigen, sicheren Flusses der poetischen Einbildungskraft geschaffen. Auch jenes spezifisch ›romantische Moment‹, kraft dessen in aller Entzweiung die Illusion von Geborgenheit in Sprache und durch Sprache als Medium intakter Seelenhaftigkeit sich erzeugt, wird im Werk dieser Lyrikerin zu etwas wie lebendige Gegenwart.«

Kritisch wendet Mennemeier ein, dieser Ansatz reiche jedoch lediglich so weit, wie die »punktuelle Magie des Ausdrucks« eben heute noch reiche. Realität und geschichtliche Erfahrung verweigerten sich dieser Magie zunehmend und verlangten, daß »andere, kritisch rationale Verfahren zumindest als Helfershelfer der poetischen Eingebung« eingesetzt würden. Und Mennemeier sagt weiter: »Ganze Traditionen des modernen Gedichts von Benn bis Brecht sind von Rose Ausländer übersprungen worden, und es ist keine Frage, daß die unleugbare Faszination ihrer Lyrik sich eben diesem ›Überspringen‹ verdankt. Nicht nur Klänge aus der entschwundenen Bukowiner Heimat sind es, die hier wie unwiderstehlich ertönen. Es sind zugleich Klänge aus der verlorenen Heimat des spätromantischen Gedichts, die hier zu Sinn und Geist des modernen Lesers so sprechen, als wären sie von heute.«

Sie bekenne sich, sagt Rose Ausländer gesprächsweise, zu einer Lyrik, die, sei sie nun offen und klar oder hermetisch, einen »noch irgendwie erfaßbaren Sinn« habe und, weich oder spröde, nicht völlig arhythmisch sei: »Gewiß, *jede* Dichtungsart ist existenzberechtigt wie alles, was existiert, aber ich glaube, daß jede wichtige, bleibende Lyrik etwas menschlich Sinngemäßes verkörpert. Zu einem Buchstabenspiel habe ich fast gar keine Beziehung, wenn sie nicht wie etwa bei Christian Morgensterns ›Fisches Nachtgesang‹ als Humor auftritt.« Und ebenso wie der konkreten Poesie steht sie einer im engen Sinne engagierten Lyrik skeptisch gegenüber: »Selbstverständlich hat jeder Lyriker sein eigenes Engagement: persönlicher, politischer, religiöser oder ästhetischer Art. Auf die *Form,* die *Gestaltung,* den *eigenen* Stil kommt es an. Kein bedeutender Dichter ohne dieses Eigene.«

In Rose Ausländers später Dichtung, der alles Laute und Schrille ebenso fremd ist wie Larmoyanz, verbinden sich Sensibilität und Intellektualität, Phantasie und Ratio. Bei aller Tendenz zur Einfachheit, zur lapidaren Aussage, zu Reduktion, Verknappung und bisweilen epigrammatischer Kürze sind diese Verse doch getragen von einer großen Musikalität, und unter der aufgerauhten Oberfläche freirhythmischer Gedichte mit scharfen Konturen wird beim genauen Hinhören melodiöse Liedhaftigkeit erkennbar.

Auch die Dichtungen aus den letzten Jahren sind keineswegs ein Abgesang mit halber Stimmkraft. Vielmehr schreitet die Dichterin sehr entschieden und bestimmt den Kreis ihrer Themen aus, der nun eher noch weiter geworden zu sein scheint als früher. Dies sind – so formulierte es Hans Bender in seinem Nachwort zu ›Noch ist Raum‹ – Gedichte, die neben der Klage um die toten Freunde »auch kein anderes Thema auslassen: Sonne, Mond, Sterne, Himmel, Landschaften, Flüsse, Städte, Zigeuner, Vögel, Spiegel, Menschen, Stimmungen, Gefühle, Sprache. Nach eigenem Bekenntnis: ›alles das Eine und das Einzelne‹.«

Noch einmal und immer wieder gelten die Gedichte dem verlorenen Land der Kindheit (»mein Wiegenlied ist tot / ich bin Untermieter / in der Hölle«), wird die Erfahrung der Fremde ausgesagt (»Ich bin König Niemand / trage mein Niemandsland / in der Tasche«), strömen die Flüsse zurück von der Mündung zur Quelle, vom Heute ins Gestern (»In den Rhein / werf ich die ausgegrabenen / Wurzeln des Pruth«). Aber es verstärkt sich zunehmend eine Tendenz, die vom Persönlichen (das ja im Gedicht Rose Ausländers ohnehin niemals nur Privates war) wegführt, hin zur Darstellung einer »allgemein menschlichen Lebensbedingung«, wie Marie Luise Kaschnitz in ihrem Nachwort zu ›Andere Zeichen‹ geschrieben hatte, hin auch zum Gegenüber. Dies ist eine im hohen Grade nicht-monologische, den anderen, den Gesprächspartner suchende Poesie, in der es dezidiert heißt: »Wir wohnen / Wort an Wort / Sag mir / dein liebstes / Freund // meines heißt / DU«.

Diese Hinwendung zum Nächsten geht in eins mit der Sehnsucht nach Einklang, nach Humanität und Frieden. Resultierte (so Mennemeier) früher das Elegische mancher Gedichte Rose Ausländers aus der inhaltlichen Polarität, die entstand aus der Spannung zwischen dem Gefühl der Isolierung und dem Streben nach Harmonie, nach einer besseren Welt, so trifft man heute auf einzelne Gedichte, die ein uneingeschränktes »Ja sagen / zum Leben«. Ganz überraschend und beinahe über-mütig, jedenfalls mutig und vor dem Hintergrund düsterer Erfahrungen um so glaubhafter, leuchtet unter diesen späten Versen ein Gedicht wie ›Bekenntnis‹ auf: ein Bekenntnis, das weder heroischen Nihilismus im Bennschen Sinne demonstriert noch auch schönfärberisch die Dunkelheiten leugnet: ein Gedicht, das, an die späte Poesie Pablo Nerudas erinnernd, in seiner Intensität und Klarheit unangreifbar ist:

BEKENNTNIS

Ich bekenne mich

zur Erde mit ihren
gefährlichen Geheimnissen

zu Regen Schnee
Baum und Berg

zur mütterlichen mörderischen
Sonne zum Wasser und
seiner Flucht

zu Milch und Brot

zur Poesie
die das Märchen vom Menschen
spinnt

zum Menschen

bekenne ich mich
mit allen Worten
die mich erschaffen

LITERATURVERZEICHNIS

Werke von Rose Ausländer

1939 Der Regenbogen. Gedichte
      Czernowitz: Verlag Literaria.
1965 Blinder Sommer. Gedichte
      Wien: Bergland Verlag.
1967 36 Gerechte. Gedichte
      Hamburg: Hoffmann & Campe. 2. Auflage: Duisburg: Gilles &
      Francke Verlag 1975.
1972 Inventar. Gedichte
      Mit 4 mehrfarbigen Siebdrucken von Otto Piene. Duisburg:
      Guido Hildebrandt Verlag.
1974 Ohne Visum. Gedichte und kleine Prosa
      Düsseldorf und Krefeld: Sassafras Verlag.
1975 Andere Zeichen. Gedichte
      Nachwort von Marie Luise Kaschnitz. Düsseldorf: Concept
      Verlag.
1976 Gesammelte Gedichte. 1. Auflage. Gedichte und Prosa
      Nachwort von Walter Helmut Fritz. Farbige Grafiken von HAP
      Grieshaber. Mit Sprechplatte. Leverkusen: Literarischer Verlag
      Helmut Braun.
1976 Noch ist Raum. Gedichte
      Nachwort von Hans Bender. Grafik von Rupprecht Geiger.
      Duisburg: Gilles & Francke Verlag.
1977 Gesammelte Gedichte. 2. erweiterte und veränderte Auflage. Ge-
      dichte und Kurzprosa
      Mit einem Essay von Jürgen P. Wallmann. Köln: Literarischer
      Verlag Helmut Braun.
      Doppelspiel. Gedichte
      Köln: Literarischer Verlag Helmut Braun. 2. Auflage: 1978
      Es ist alles anders. Gedichte
      Mit Graphiken von Paul Breinig. Pfaffenweiler: Pfaffenweiler
      Presse. (Auswahl aus: Gesammelte Gedichte)

      Beiträge in Anthologien (Auswahl)

1964 Keine Zeit für Liebe
      Herausgegeben von Peter Jokostra. Wiesbaden: Limes Verlag.
1968 Lyrik aus dieser Zeit
      Herausgegeben von Wolfgang Weyrauch und Johannes Poethen.
      Eßlingen: Bechtle Verlag.

1971 PEN
Herausgegeben von Martin Gregor-Dellin. Tübingen: Erdmann Verlag.
Motive
Herausgegeben von Richard Salis. Tübingen: Erdmann Verlag.
1972 Satzbau
Herausgegeben von Hans Peter Keller und Günter Lanser. Düsseldorf: Droste Verlag.
Jahresring 1972/1973
Herausgegeben von Hans Bender und Rudolf de le Roi. Stuttgart: Deutsche Verlagsanstalt.
Geständnisse
Herausgegeben von Wilhelm Gössmann. Düsseldorf: Droste Verlag.
Frieden aufs Brot
Herausgegeben von Mathias Schreiber. Köln: Rheinland Verlag.
Deutsche Gedichte seit 1960
Herausgegeben von Heinz Piontek. Stuttgart und Leipzig: Reclam Verlag.
Ein Stück Brachland, eine Schrift herum
Herausgegeben von der Universität Utrecht.
Jahresring 1976/1977
Herausgegeben von Hans Bender und Rudolf de le Roi. Stuttgart: Deutsche Verlagsanstalt.
Jahrbuch 1
Herausgegeben von Berndt Mosblech und Peter Kaczmarek. Leverkusen: Literarischer Verlag Helmut Braun.
1977 Pfaffenweiler Brevier.
Pfaffenweiler Presse.

Schallplatte
1972 Confrontation
Lyrik und Free-Jazz Mülheim Ruhr: Hoppe & Werry.

Über Rose Ausländer (Auswahl)

1939 Kern, Martha. In: Morgenblatt, Czernowitz, 1939.
(Rezension: Der Regenbogen)
1940 Der Bund, Bern, 17. 3. 1940.
(Rezension: Der Regenbogen)
Die Nationalzeitung, Basel, 14. 4.1940.
(Rezension: Der Regenbogen)
1946 Margul-Sperber, Alfred: Die Dichterin Rose Scherzer-Ausländer. Bukarest, September 1946.

(Alfred Margul-Sperber hat oft über R. A. geschrieben in Czernowitz und Bukarest)

1956   Moore, Marianne: Wagner College, Staten Island, N.Y., 30. 7. 1956. (Ehrenpreis)

1959   Lindt, Peter M. In: Radiosendung WEVD, New York, 25. 4. 1959.

1965   Hülsmanns, Dieter: Beispiele der Beständigkeit. In: Aachener Zeitung, 31. 12. 1965, und Allgemeine Wochenzeitung, Düsseldorf, 1965.
Rias Berlin, 1965. (Rezension: Blinder Sommer)
Sender Freies Berlin, 1965. (Rezension: Blinder Sommer)

1966   Andreas, Herbert. In: Neue Deutsche Hefte, Heft 111, 1966. (Rezension: Blinder Sommer)

1967   Bondy, Barbara: Erfahrungen. In: Süddeutsche Zeitung, Stuttgart, 7. 12. 1967.
Hessischer Rundfunk, Frankfurt a. M., 1967.
(Rezension: 36 Gerechte)
Jokostra, Peter: Raum aus Rauch. In: Rheinische Post, Düsseldorf, 23. 12. 1967.
(Peter Jokostra schrieb oft über R. A., u. a. in Rheinische Post; NRZ; Aufbau, New York)
Keller, Hans-Peter: In: Neue Deutsche Hefte, Heft 117, 1967. (Rezension: 36 Gerechte)
Krolow, Karl: Rose Ausländer. In: Badische Zeitung, Freiburg, 28. 5. 1967. (Rezension: 36 Gerechte)
Lanser, Günter: Die Lyrikerin Rose Ausländer. In: Israel Forum, Heft 5, 1967.
Mennemeier, Franz Norbert: Lyrik – aus Prosa gefiltert. In: Neues Rheinland, Köln, Heft Juni/Juli 1967. (Rezensionen: Blinder Sommer, 36 Gerechte, Ohne Visum)
Radio Bremen, Bremen, 1967. (Rezension: 36 Gerechte)
Schaumann, Lore: Porträt Rose Ausländer. In: Neues Rheinland, Köln, Heft Juni/Juli, 1967.
(Lore Schaumann schrieb oft über R. A., u. a. Rheinische Post, Düsseldorf, 18. 3. 1967, 18. 4. 1967, 15. 5. 1971, 25. 5. 1973, 30. 4. 1974, 20. 9. 1975).
Süddeutscher Rundfunk, Stuttgart, 1967. (Rezension: 36 Gerechte)

1968   Lanser, Günter. In: Der Literat, 1968.

1970   Erhardt, Jacob. In: German-American Studies, Milwaukee, Wise, USA, Vol. II, No. 2, 1970.
Rehbiersch, Philipp (d. i. Mathias Schreiber). In: Neues Rheinland, Köln 1970. (Interpretation)

1971   Ebner, Jeannie. In: Literatur und Kritik, Wien, 1971. (Rezensionen: Blinder Sommer, 36 Gerechte)

1973   Bauer, Alexander, W.: In: dpa-Brief, 28. 11. 1973.
Schaumann, Lore: Wort und Welle – Rose Ausländer. In: Düsseldorfer Hefte, Düsseldorf, Heft 2, 1973.

(Nachdruck in: Schaumann, Lore: Düsseldorf schreibt, Düsseldorf: Triltsch Verlag 1973)

Wallmann, Jürgen P. In: Die Tat, Zürich, 20. 4. 1973. (Rezension: Inventar)

1974   Kaschnitz, Marie Luise. Nachwort. In: Andere Zeichen, Düsseldorf: Concept Verlag 1974.

(Nachdruck in: Frankfurter Allgemeine Zeitung, Frankfurt a. M. 16. 2. 1974; Gesammelte Gedichte, 1. Auflage, 1976)

–: Süddeutsche Zeitung, München, 19./20. 10. 1974. (Erwähnung R. A. in einem Artikel)

1975   Axmann, Elisabeth. In: Neue Literatur, Bukarest, September 1975. (Rezension: Andere Zeichen)

Krolow, Karl: Mohn und Gedächtnis. In: Frankfurter Allgemeine Zeitung, Frankfurt, 30. 8.1975.

(Nachdruck in: Frankfurter Anthologie, herausgegeben von Marcel Reich-Ranicki, Frankfurt a. M.: Suhrkamp-Verlag 1976. Gesammelte Gedichte, 1. Auflage, 1976)

Lanser, Günter: Die vielstimmige Zeit. In: Düsseldorf, Heft IV, 1975

– : In: Die Stimme, Tel-Aviv, November 1975.

– : In: Aufbau, New York, 1975.

Mahr, Gerhard. In: Weltwoche, Zürich, 9. 7. 1975. (Rezension: Ohne Visum)

Wallmann, Jürgen P. In: Die Tat, Zürich 12. 12. 1975. (Rezension: Andere Zeichen. Nachdruck u. a. in: Tagesspiegel, Berlin, 23. 11. 1975; Literatur und Kritik, Wien, Heft 11, 1975. Sendungen 1975 im Süddeutschen Rundfunk, Stuttgart, und im Österreichischen Rundfunk)

1976   Bauer, Walter A. In: dpa-Buchbrief, 20. 12. 1976.

Bender, Hans: Nachwort. In: Noch ist Raum, Duisburg: Gilles & Francke Verlag 1976.

–: Immer zurück zum Pruth. In: Süddeutsche Zeitung, München, 30./31. 10. – 1. 11. 1976 (Buch und Zeit) (Rezension: Gesammelte Gedichte)

EKZ-Informationsdienst, Reutlingen, Nummer 44, 1976. (Rezension: Gesammelte Gedichte)

Fritz, Walter Helmut: Schwarze Taube Mitternacht. In: Ausländer, Rose: Gesammelte Gedichte, 1. Auflage, Leverkusen: Literarischer Verlag Braun 1976.

Glenn, Jerry. In: Books Abroad, Univ. of Oklahoma, Vol. 50, No. 1, 1976.

(Rezension: Ohne Visum, Andere Zeichen)

Lanser, Günter. In: Die Stimme, Tel-Aviv, September 1976.

– : In: Aufbau, New York, 1976.

Politzer, Heinz: Gesänge der Fremdlingin. In: Frankfurter Allgemeine Zeitung, Frankfurt a. M., 7. 12. 1976. (Rezension: Gesammelte Gedichte)

Rheinischer Merkur, Köln, 9. 1. 1976.
(Rezension: Andere Zeichen)
Wallmann, Jürgen P. In: Westdeutscher Rundfunk (Mosaik),
Köln, 4. 2. 1976.
(Rezension: 36 Gerechte. Nachdruck in: Die Tat, Zürich)
– : In: Westdeutscher Rundfunk (Mosaik), Köln,
24. 12. 1976. (Rezension: Noch ist Raum. Nachdruck in: Die Tat,
Zürich, 28. 1. 1977)
– : In: Die Tat, Zürich, 1976. (Rezension: Gesammelte Gedichte,
1. Auflage 1976. Nachdruck in Düsseldorfer Hefte. Sendung im
Süddeutschen Rundfunk, Stuttgart)

1977   Bauer, Walter A.: Die Überlebenschancen der Poesie. Autoren-
gespräche 1. In: Düsseldorfer Nachrichten, Düsseldorf, Januar
1977. (Nachdruck in ca. 40 Zeitungen)
Krolow, Karl: Erinnerte Landschaften. In: Frankfurter Allge-
meine Zeitung, Frankfurt, 17. 1. 1977. (Rezension: Noch ist
Raum)
Lanser, Günter: Dichterische Umsetzung der Realität. In: Mann-
heimer Morgen, Mannheim, 29./30. 1. 1977. (Rezension: Gesam-
melte Gedichte)
Mennemeier, Franz Norbert: Klänge aus der romantischen Hei-
mat. In: Neues Rheinland, Köln, Heft Januar, 1977. (Rezension:
Gesammelte Gedichte)

 **Dramatiker des Welttheaters**

 # Dramatiker des Welttheaters

 **Dramatiker des Welttheaters**

Bildgedichte

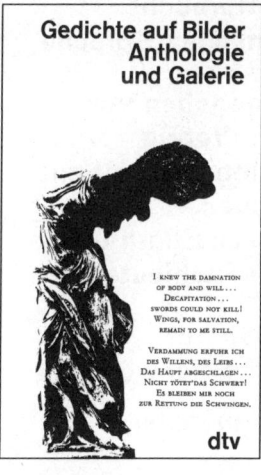

»Eine Anthologie,
zu der es keine
Alternative gibt.«
(Luzerner Neueste
Nachrichten)

**Gedichte auf Bilder
Anthologie und Galerie
Hrsg.: Gisbert Kranz
1086
2. Auflage, 11.–16. Tsd.
Originalausgabe**

176 Bildgedichte von 144 Autoren aus allen Teilen Europas –
die englischen, französischen und lateinischen Texte auch in
der Sprache des Originals – sowie 57 Reproduktionen von
Werken der bildenden Kunst – vom Torso von Milet bis zu
Salvador Dali. 25 Texte sind Erstdrucke, viele andere
wurden bisher nur in Zeitungen und Zeitschriften ver-
öffentlicht; die fremdsprachigen Gedichte wurden zumeist
eigens für diese Ausgabe übersetzt. Ein Anhang informiert
über die Texte und Autoren.

»Beide Welten stehen in der aufschlußreichen Sammlung
stets nebeneinander: Bild- und Wortwelt, und es kommt zu
überraschenden und aufregenden Kombinationen, die die
Spannung nicht abreißen lassen. Das Lesevergnügen gesellt
sich durchaus zu dem optischen Vergnügen.«
(Karl Krolow im ›Hessischen Rundfunk‹)

dtv Wörterbuch

dtv Wörterbuch der deutschen Sprache	dtv-Wörterbuch der deutschen Sprache
	Herausgegeben von Gerhard Wahrig in Zusammenarbeit mit zahlreichen Wissenschaftlern und anderen Fachleuten
	943 Seiten mit ca. 16000 Stichwörtern
Wahrig	Originalausgabe 3136

Wahrigs dtv-Wörterbuch enthält etwa 16000 Stichwörter mit
- Beispielen für die Verwendung in Sätzen und Wendungen, Redensarten und Sprichwörtern;
- Bedeutungserklärungen mit Verweisen auf Wörter gleicher, entgegengesetzter oder verwandter Bedeutungen;
- Angaben zu Rechtschreibung, Silbentrennung, Aussprache und Grammatik, Stilebenen, Fachsprachen und Mundarten.

Dazu, erstmals in diesem Wörterbuch,
- Hinweise auf Satzmuster für Verben und Adjektive.

dtv Atlas

dtv-Atlas zur deutschen Sprache

Tafeln und Texte

Mit Mundartkarten

Werner König:
dtv-Atlas zur deutschen
Sprache
Graphiker: H.-J. Paul
Mit 138 Farbtafeln
Originalausgabe
3025

Aus dem Inhalt:

Einführung: Sprache, Text,
Satz, Wort, Laut, Bedeutung,
Sprache und Weltbild, Schrift.

Geschichte der deutschen
Sprache: Indogermanisch.
Alt-, Mittel- und Neuhoch-
deutsch.

Sprachstatistik. Entwicklungs-
tendenzen. Sprache und
Politik. Namenkunde. Sprach-
soziologie.

Mundarten: Sprachgeographie,
Phonologie, Morphologie.

Wortschatzkarten: Junge,
Mädchen, Schnupfen, klein,
gestern, warten, Kohl, Mütze,
Sahne, Tomate, Stecknadel
u. v. a.

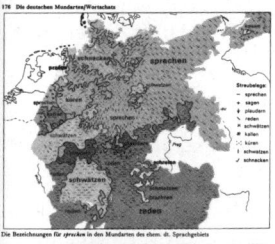

Die Bezeichnungen für *sprechen* in den Mundarten des ehem. dt. Sprachgebiets

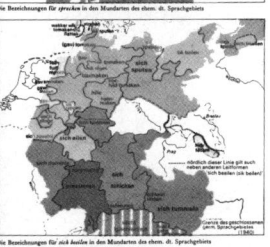

Die Bezeichnungen für *sich beeilen* in den Mundarten des ehem. dt. Sprachgebiets

sonderreihe

sonderreihe

Gottfried Benn
Ein Klassiker der Moderne

Gesammelte Werke in acht Bänden

Herausgegeben von Dieter Wellershoff
dtv-bibliothek 6045 – 6052
Bestellnummer 5954/DM 88,–

Dieter Wellershoff:
Gottfried Benn
Phänotyp
dieser Stunde
Eine Studie über den
Problemgehalt seines
Werkes
WR 4185

Nele Poul Soerensen:
Mein Vater
Gottfried Benn
1110

Gottfried Benn:
Das gezeichnete Ich
Briefe aus den Jahren
1900–1956
89

Gottfried Benn:
Den Traum alleine tragen
Neue Texte, Briefe,
Dokumente
Hrsg. von Paul Raabe und
Max Niedermayer
557